Heft 3

Entscheidungen des
Obersten Gerichtshofes für die Britische Zone
Herausgegeben von den
Mitgliedern des Gerichtshofes und der Staatsanwaltschaft

Entscheidungen des
Obersten Gerichtshofes
für die Britische Zone
in
Strafsachen

2. Band

Berlin und Hamburg
1949

Walter de Gruyter & Co.
vorm. G. J. Göschensche Verlagshandlung - J. Guttentag - Verlagsbuchhandlung - Georg Reimer - Karl J. Trübner - Veit & Comp.

Inhalt

Quellenverzeichnis

herannahenden Güterzug zum Halten zu bringen, sofern die Diebstahlsabsicht aus den Umständen hervorgeht . . .

Die Verurteilung wegen tateinheitlichen Versuchs eines gewinnsüchtigen Verwahrungsbruchs ist rechtsirrig, wie das Schwurgericht bereits in seinen Urteilsgründen zum Ausdruck gebracht hat. Denn diese Versuchstat ist als versuchtes Vergehen mangels ausdrücklicher Gesetzesbestimmung nicht strafbar (§ 43 Abs. 2 StGB.) . . . Durch das Versehen war auch der Strafausspruch rechtlich betroffen. Denn während beim vollendeten Diebstahl Gefängnis von einem Tage an zulässig ist, sieht § 133 Abs. 2 StGB. für die vollendete Tat mindestens drei Monate Gefängnis vor. Die Angabe der Urteilsgründe, daß das rechtliche Versehen keinen praktischen Einfluß auf den Strafausspruch gehabt habe, kann als eine nach der Urteilsfällung angestellte Erwägung dieses Versehen nicht ausgleichen. Es bedarf hier der Aufhebung der Einzelstrafe. Der Tatrichter kann nur auf Grund einer neuen Verhandlung entscheiden, ob die veränderte rechtliche Beurteilung eine andere Zumessung der Einzelstrafe rechtfertigt oder nicht.

Mit den drei aufgehobenen Einzelstrafen entfällt auch die Gesamtstrafe.

---

31. 1. Die falsche uneidliche Aussage ist auch dann nicht Beginn der Ausführung eines Meineids, wenn der Vernommene vereidigt werden soll. Erst mit dem Schwören selbst beginnt der Meineid.

2. Die uneidliche Falschaussage ist vollendet, wenn die Aussage abgeschlossen ist. Zum Begriff der abgeschlossenen Aussage.

3. Beihilfe zur Falschaussage kann seitens einer Partei im Zivilprozeß unter Umständen auch durch schweigendes Anhören der Aussage geschehen.

4. Aussagenotstand kommt dem Gehilfen, der nicht selbst als Zeuge oder Sachverständiger vernommen wird, nicht zugute.

5. Die Wohltat des § 158 StGB. kommt dem Anstifter und Gehilfen zugute, der von sich aus die falsche Aussage rechtzeitig richtigstellt.

StGB. §§ 153, 154, 157, 158, 43, 49.

Strafsenat. Urt. v. 20. September 1949 g. W. StS 22/49.

I. Landgericht Bochum.

II. Oberlandesgericht Hamm.

Aus den Gründen:

Die Mitangeklagte K. ist wegen falscher uneidlicher Aussage, der Angeklagte W. wegen Beihilfe hierzu verurteilt. Bei beiden Angeklagten hat das Gericht den Aussagenotstand des § 157 StGB. als vorliegend erachtet und demgemäß die Strafe gemildert.

Das Oberlandesgericht hat die Revision des Angeklagten W. dem Obersten Gerichtshof wegen der grundsätzlichen Frage vorgelegt, ob die Strafermäßigung gemäß § 158 StGB. auch auf Teilnehmer anzuwenden sei; diese Frage möchte das Oberlandesgericht entgegen der Rechtsprechung des Reichsgerichts bejahen. Die Sache ist zurückverwiesen worden.

Wenn ein Zeuge vor Gericht vernommen wird, so macht er zunächst seine Aussage. Nach deren Abschluß wird er möglicherweise auf diese vereidigt. Meineid gemäß § 154 StGB. ist nach dem klaren Wortlaut des Gesetzes das falsche Schwören selbst. Die voraufgegangene falsche Bekundung kann Vorbereitung dazu sein. Die Ausführung des Meineides wird erst begonnen mit dem Beginn der Eidesleistung; versuchter Meineid liegt also vor, wenn mit der Eidesleistung begonnen, sie aber noch nicht beendet ist (RGSt. Bd. 54 S. 117). Hierzu ist es, wie auch die Revision nicht in Zweifel zieht, nicht gekommen. Rücktritt vom versuchten Meineid kommt also hier nicht in Betracht.

Die falsche Bekundung des Zeugen ist nach § 153 StGB. als uneidliche Falschaussage strafbar, und zwar als vollendete, wenn die Aussage abgeschlossen ist. Das ist dann der Fall, wenn dem äußeren Geschehen nach der Richter sein Fragen und der Zeuge sein Bekunden zum Gegenstand der Vernehmung beendet hat. Die äußeren Kennzeichen hierfür sind Tatfrage. Beispielsweise liegt eine abgeschlossene Bekundung dann vor, wenn der Richter den Zeugen entläßt, Platz nehmen läßt, sich einem anderen Zeugen oder auch nur einem anderen selbständigen

Vernehmungsgegenstand zuwendet, ohne daß der Richter oder Zeuge die Möglichkeit der Fortsetzung der Vernehmung oder Bekundung e r k e n n b a r macht. Die an sich bestehende Möglichkeit, daß der Zeuge sich nochmals zu Wort meldet oder der Richter ihn später erneut vorruft oder vorlädt, steht dem Abschluß der Bekundung ebensowenig entgegen, wie ein i n n e r e r Vorbehalt des Richters oder Zeugen nach dieser Richtung. Zum inneren Tatbestande der vollendeten Falschbekundung gehört in dieser Beziehung nur das Bewußtsein einer den äußeren Umständen nach abgeschlossenen Bekundung. Auch der ausdrückliche Vorbehalt des Richters, später über die Beeidigung des Zeugen zu entscheiden und den Zeugen gegebenenfalls zu vereidigen, hindert den Abschluß der B e k u n d u n g nicht; auch ist die Frage an den Zeugen, ob er bereit sei, die Aussage zu beschwören, und seine bejahende Antwort nicht erforderlich für den Abschluß seiner Bekundung.

In dem angefochtenen Urteil sind keine ausreichenden Tatsachen angegeben, aus denen entnommen werden könnte, daß die Aussage der früheren Mitangeklagten K. tatsächlich abgeschlossen war, als der Angeklagte sie berichtigte. Das angefochtene Urteil enthält nur die Bemerkung, daß die K. vor dem Oberlandesgericht in einem Ehescheidungsprozeß uneidlich als Zeugin vernommen worden ist und daß der Angeklagte W. als Prozeßpartei, als sie auf diese Aussage vereidigt werden sollte, die Berichtigungserklärung abgab. Aus dieser kurzen Bemerkung kann nicht mit hinreichender Sicherheit entnommen werden, daß sich die Strafkammer darüber im klaren war, daß es hier auf die Frage ankommt, ob eine a b g e s c h l o s s e n e Aussage vorliegt, und daß der Begriff der abgeschlossenen Aussage richtig erkannt ist . . .

Die Strafkammer hat die Beihilfe des Beschwerdeführers zur uneidlichen Falschaussage der K. darin erblickt, daß er im Laufe eines Gesprächs über die demnächstige Zeugenvernehmung mit den Worten: „Es ist gut, dann verschweigen wir es" ihren Willen zur Tat wesentlich unterstützt und in Fortsetzung dessen während der Zeugenvernehmung bis zum Abschluß der Bekundung die Wahrheit verschwiegen hat, obwohl er durch sein voraufgegangenes Prozeßverhalten rechtlich verpflichtet war, eine wahrheitswidrige Aussage zu verhindern. Das ist rechtlich nicht angreifbar.

Rechtlich fehlerhaft allerdings war es, daß die Strafkammer auch dem Beschwerdeführer als dem G e h i l f e n der K. Aussagenotstand (§ 157 Abs. 1 StGB.) zugute gehalten hat. Nach Wortlaut und Sinn dieser Bestimmung sind durch sie nur die als Zeugen oder Sachverständige selbst vernommenen Personen begünstigt, weil nur sie durch ihre Aussagepflicht in die besondere Konfliktslage geraten können. Die Konfliktslage für solche Personen ist auch durch das Recht zur Aussageverweigerung gemäß § 384 Ziff. 2 ZPO., § 55 StPO. nicht ausgeräumt, sondern nur gemildert; denn schon diese Verweigerung kann die Vernommenen belasten oder benachteiligen. In dieser Lage sind sie infolge ihrer rechtlichen Aussagepflicht. Unter dem Druck dieser Pflicht steht jemand, der nicht als Zeuge oder Sachverständiger vernommen wird, auch dann nicht, wenn er durch die wahrheitsgemäße Aussage eines Zeugen oder Sachverständigen in die Gefahr strafrechtlicher Verfolgung geraten würde und diesen deshalb dazu anstiftet oder darin bestärkt, falsch auszusagen, mag dieser selbst sich auch im Aussagenotstand befinden.

Die Natur der Zwangslage ist für die Partei schon um deswillen von der des Zeugen wesentlich verschieden, weil die Partei in ihre Rolle im Verfahren nicht, wie der Zeuge, im Interesse der Rechtspflege und der Wahrheitsermittlung gerät, sondern weil sie an den dem Rechtsstreit zugrunde liegenden tatsächlichen Vorgängen beteiligt ist. Hieraus folgt ihre natürliche Verpflichtung, an der rechtlichen Klärung im Prozeß mitzuwirken. Es ist ihr deshalb auch zuzumuten, daraus sich ergebende Folgen zu tragen. Die Zwangslage der P a r t e i entsteht nicht aus Gründen eines öffentlichen Interesses. Einem Anstifter oder Gehilfen, der nicht selbst als Zeuge oder Sachverständiger vernommen wird, kommt mithin Aussagenotstand nicht zugute. Die vom Reichsgericht (RGSt. Bd. 75 S. 37, 41, 42) gestreifte Frage, ob § 157 Abs. 1 StGB. entsprechend anzuwenden sei auf einen Anstifter oder Gehilfen, der selbst a u c h als Zeuge vernommen wird und sich dabei persönlich im Aussagenotstand befindet, steht hier nicht zur Entscheidung, da der Angeklagte im Ehescheidungsprozeß Partei war, also nicht selbst als Zeuge vernommen worden ist. An der vollen Strafbarkeit einer Partei als Teilnehmer am Zeugendelikt muß festgehalten werden (so auch das RG. a.a.O.) . . .

Dagegen kam dem Beschwerdeführer, und zwar nur ihm, nicht der Mitangeklagten K., unter der Voraussetzung, daß deren uneidliche Falschaussage vollendet war, die Wohltat des § 158 StGB. infolge rechtzeitiger Berichtigung der falschen Aussage zu. Zwar spricht § 158 nur von einer Berichtigung durch den Täter. Aber der Zweck dieser Vorschrift geht dahin, die Berichtigung falscher Aussagen zu fördern, damit die Wahrheit siege und drohende Nachteile abgewendet werden. Deshalb ist sie weit auszulegen und zugunsten solcher Personen entsprechend anzuwenden, die als Anstifter und Gehilfen der falschen Aussage strafbar geworden sind, aber diese rechtzeitig berichtigen. Die entgegengesetzte Meinung würde übrigens im Widerspruch stehen zu der herrschenden Rechtsprechung, daß beim Versuch auch der Teilnehmer durch eigenen Rücktritt straflos wird, obwohl auch § 46 nur vom Täter spricht.

Das RG. (DJ. 1936 S. 290 und JW. 1937 S. 1329 Nr. 25; wie hier Pfundtner-Neubert Bd. 2 c Abt. 6 S. 228, Dalcke 1947 N. 2 und Schönke 1947 N. I) hat zwar den entgegengesetzten Standpunkt vertreten; doch können seine Gründe, wie das Oberlandesgericht im wesentlichen zutreffend ausführt, nicht überzeugen.

Daß auch ein Nichttäter den Schaden für andere durch Berichtigung abwenden kann, zeigt der vorliegende Straffall. Es hat nur scheinbar etwas Unbefriedigendes, daß namentlich der Anstifter sich durch Berichtigung die Wohltat des § 158 StGB. verschaffen kann, obwohl die durch seine Anstiftung mitbegründete Schuld des Täters bleibt und nicht ausgeräumt ist. Indes hätte ja auch der Täter die Möglichkeit gehabt, zu widerrufen. Zudem bleibt die Strafbedürftigkeit des Täterdelikts durch den Umstand, daß der Anstifter die Aussage berichtigt hat, keineswegs unberührt und wird umgekehrt für die Strafzumessung beim Anstifter zu berücksichtigen sein, wieweit durch seine Mitschuld der Angestiftete strafbar ist.

Daß nach der bis 1943 gültigen Fassung des § 159 StGB. schon die erfolglose Verleitung zum Meineid strafbar blieb, steht nach der Neufassung dieser Bestimmung dem hier vertretenen Standpunkt nicht entgegen. Ob der hiernach entsprechend anzuwendende § 49 a StGB. n.F. heute seinem ganzen Inhalte nach geltendes Recht ist, braucht hier nicht entschieden zu werden (vgl. das Urteil des OGH StS 27/49 vom 21. 6. 1949). Jedenfalls ist § 49 a Abs. 4 n.F. bei erfolgloser Verleitung zum Meineid nach wie vor entsprechend anzuwenden und tritt demnach bei tätiger Reue des Anstiftenden für diesen Straffreiheit ein.

Für den Fall, daß die neue Hauptverhandlung ergibt, daß nur eine versuchte uneidliche Falschaussage vorliegt und der Beschwerdeführer nur zu dieser Versuchstat Beihilfe geleistet hat, ist eine Berichtigung nach § 46 StGB. zu beurteilen.

---

32. 1. Durch die Verordnung des Oberpräsidenten von Westfalen vom 30. Januar 1946 wurde die Vollbewirtschaftung der Tabakwaren rechtswirksam eingeführt.

2. Zur Frage der Zuständigkeit deutscher Stellen zum Erlaß von Rechtsverordnungen nach der Besetzung Deutschlands und zur Frage ihrer Verkündung.

KWVO. § 1 Abs. 2; Verordnung des Oberpräsidenten von Westfalen vom 30. Januar 1946.

Strafsenat. Urt. v. 26. Sept. 1949 g. M. StS 170/48.

I. Landgericht Bielefeld.
II. Oberlandesgericht Hamm.

Aus den Gründen:

Der Angeklagte ist wegen Bewirtschaftungsverbrechens (§ 1 Abs. 2 KWVO.) mit Tabakwaren verurteilt. Auf seine Revision ist die Sache in die Vorinstanz zurückverwiesen.

Für die Beurteilung des Sachverhalts ist es von entscheidender Bedeutung, ob durch die Anordnung I/45 des Reichsbeauftragten für Tabak und Kaffee oder durch die Verordnung des Oberpräsidenten der Provinz Westfalen vom 30. Januar 1946 für den Bereich dieser Provinz die Vollbewirtschaftung für Tabak rechtsgültig angeordnet worden ist. Denn andere Gesetze und Verordnungen, die die Vollbewirtschaftung eingeführt haben könnten, sind nach der amtlichen Auskunft des Wirtschaftsministers von Nordrhein-Westfalen vom 11. Oktober 1948 nicht ergangen. Danach waren insbesondere die schon vorher eingeführten Raucherkarten keine Bezugsmarken im Sinne des § 2 der Verordnung über die Verbrauchsregelung für lebenswichtige gewerbliche Erzeugnisse vom 14. November 1939 in der Fassung der Verordnung vom 25. November 1941 (RGBl. I S. 731). Die Einzelhändler wurden, ohne daß es dazu besonderer Bezugsberechtigungen bedurfte, durch die Großhändler und Hersteller nach Prozentsätzen beliefert, die für jeden Händler nach seinen Bezügen im Jahre 1938 berechnet wurden. Ein Lieferantenwechsel war nicht ohne weiteres möglich (sogenannter zementierter Handelsweg). Falls auch die Anordnung I/45 des Reichsbeauftragten für Tabak und Kaffee oder die Verordnung des Oberpräsidenten der Provinz Westfalen vom 30. Januar 1946 die Vollbewirtschaftung für Tabakwaren nicht eingeführt hat, fehlt es also an einer Rechtsgrundlage für eine Verpflichtung der Kleinhändler, die Raucherkartenabschnitte der Verbraucher bei den Wirtschaftsämtern in Wiederbezugsmarken umzutauschen und nur gegen Hingabe dieser Wiederbezugsmarken vom Großhändler oder Hersteller Tabakwaren zu beziehen. Die Wiederbezugsmarken könnten dann nicht als Bezugsberechtigungen im Sinne des § 1 Abs. 2 KWVO. angesehen werden, wie es die Strafkammer ohne nähere Begründung getan hat. Die von der Revision vertretene Auffassung, daß im Bereiche der ehemaligen Provinz Westfalen die Vollbewirtschaftung für Tabakwaren nicht rechtsgültig eingeführt worden sei, ist jedoch unzutreffend. Dabei kann unentschieden bleiben, ob der Anordnung I/45 des Reichsbeauftragten für Tabak und Kaffee jede rechtliche Wirkung abzusprechen ist. Denn sie ist noch im Reichsanzeiger veröffentlicht worden; die in ihr vorgesehenen Wiederbezugsmarken und Raucherkarten sind allerdings, ebenso wie die zu ihrer Herstellung notwendigen Klischees und Papiersorten, nicht mehr von der Reichsstelle in den Besitz des Wirtschaftsamtes gelangt, weil Westfalen inzwischen von alliierten Truppen besetzt wurde. Da es sich bei der Anordnung um Rechtsvorschriften handelte, die zu ihrer Durchführung und damit zu ihrem Wirksamwerden weiterer behördlicher Maßnahmen bedurften, und da diese Maßnahmen in Westfalen nicht mehr getroffen wurden, muß für diesen Bereich die rechtliche Wirksamkeit und Verbindlichkeit der Anordnung selbst trotz ihrer Verkündung im Reichsanzeiger jedenfalls solange verneint werden, bis die zu ihrem Wirksamwerden notwendigen weiteren ergänzenden behördlichen Maßnahmen getroffen wurden. Ob das nach dem Zusammenbruch noch geschehen konnte und ob etwa die auf der Grundlage der Verordnung des Oberpräsidenten von Westfalen vom 30. Januar 1946 getroffenen Maßnahmen die Anordnung I/45 nunmehr wirksam werden ließen, kann dahingestellt bleiben. Denn jedenfalls wurde, entgegen der Ansicht der Revision und in Übereinstimmung mit den Ausführungen des Vorlegungsbeschlusses, durch die Verordnung vom 30. Januar 1946 für den Bereich Westfalens die Vollbewirtschaftung der Tabakwaren eingeführt. Nach der amtlichen Auskunft des Wirtschaftsministers von Nordrhein-Westfalen wurde der Text dieser Verordnung durch den Runderlaß 24/46 mit dem Text der Durchführungsverordnung den Wirtschaftsämtern übersandt. Vorher war der Entwurf der Verordnung in deutscher und englischer Sprache der Militärregierung vorgelegt worden. Von dort war sie mit dem Vermerk zurückgelangt: „Gesehen und für die britische Zone genehmigt". Der Vermerk war unterschrieben und mit dem Stempel versehen: „Commercial Branch Econ. Div. 18. 1. 1946". Die zur Durchführung der Verordnung vom 30. Januar 1946 erforderlichen Maßnahmen wurden — anders als bei der Verordnung des Beauftragten für Tabak und Kaffee I/45 — auch tatsächlich getroffen, insbesondere wurden die Raucherkarten, Rauchermarken, Wiederbezugsmarken, Kontrollbücher und Karteikarten nach einheitlichem Muster in Druck gegeben und den Wirtschaftsämtern zur Verfügung gestellt. Entsprechend den Bestimmungen der Verordnung vom 30. Januar 1946 und der Durchführungsanweisung vom 4. Februar 1946 wurde von den Wirtschaftsämtern verfahren; dazu gehörte u. a. die Ausgabe von Raucherkarten und Wiederbezugsscheinen, der Umtausch von Raucherkartenabschniten in Wiederbezugsmarken, die Erfassung aller Groß- und Kleinhändler in Listen und Karteien und die Führung von Wiederbezugsmarkenkonten für Einzelhändler durch die Wirtschaftsämter. Auf diese

Weise wurde erreicht, daß alle, denen durch die Verordnung vom 30. Januar 1946 bestimmte Pflichten auferlegt wurden, mit ihnen genau bekannt wurden. Die von der Revision gegen die Geltung der Verordnung vom 30. Januar 1946 vorgebrachten Bedenken, die sie aus der mangelnden Zuständigkeit des Oberpräsidenten zum Erlaß der Verordnung und aus der Art ihrer Verkündung herleitet, sind unbegründet.

Die Berechtigung des Oberpräsidenten zum Erlaß der Verordnung kann allerdings nicht — jedenfalls nicht allein — aus früherem deutschen Recht hergeleitet werden. Mit dem Hinweis des Vorlegungsbeschlusses auf die Warenverkehrsordnung in der Fassung vom 11. Dezember 1942 (RGBl. I 685) ist deshalb nichts gewonnen, und es geht nicht ohne weiteres an, an die Stelle des darin genannten Reichswirtschaftsministers oder des Reichsbeauftragten den Oberpräsidenten zu setzen. Denn durch den Zusammenbruch und die Besetzung Deutschlands war die aus bisherigem Recht herzuleitende Befugnis deutscher Stellen zum Erlaß von Rechtsverordnungen beseitigt und lebte mit der Schaffung deutscher Dienststellen nicht ohne weiteres wieder auf. Das Recht deutscher Dienststellen zum Erlaß von Verordnungen konnte sich vielmehr nur auf eine — allgemein oder von Fall zu Fall erteilte — Ermächtigung der Militärregierung stützen, in deren Händen allein die gesetzgebende Gewalt lag. Diese Ermächtigung liegt im vorliegenden Falle in der Erklärung, mit der die Militärregierung den ihr vorgelegten Entwurf der Verordnung genehmigte. Damit wurde der Oberpräsident — darin ist dem Vorlegungsbeschluß zuzustimmen — allerdings nicht zu einem „Organ der Besatzungsmacht", er erhielt aber damit wirksam das Recht zum Erlaß der Verordnung, das er aus deutschem Recht allein nicht herzuleiten vermochte.

Ebenso unbegründet sind die aus der Art der Verkündung gegen die Geltung der Verordnung hergeleiteten Bedenken. Auch diese Frage kann nur vom Boden der damals in Deutschland bestehenden tatsächlichen und rechtlichen Verhältnisse aus beurteilt werden. Der Zusammenbruch und die Besetzung Deutschlands durch die alliierten Truppen hatten alle bisherigen gesetzgeberischen Zuständigkeiten beseitigt, auch diejenige zum Erlaß von Rechtsverordnungen. Die gesetzgebende Gewalt lag ausschließlich bei den Militärregierungen, die sie entweder unmittelbar oder durch deutsche Stellen ausübten. Eine bestimmte Form der Verkündung neuer gesetzlicher Bestimmungen war nirgends vorgeschrieben. Auch soweit sich die Militärregierungen und deutsche Dienststellen nach und nach bestimmte Verkündungsorgane schufen, bedeutete das jedenfalls im Anfang noch nicht, daß neue Rechtsvorschriften erst durch Veröffentlichung in diesen Verkündungsorganen Geltung erlangten. Die Praxis des staatlichen Lebens in Deutschland ging jedenfalls dahin, die Öffentlichkeit auch in anderer Weise von neuen Rechtsvorschriften in Kenntnis zu setzen. So ist die Allgemeine Anweisung an Richter Nr. 1 niemals in einem amtlichen Verkündungsorgan veröffentlicht worden. Auch zahlreiche die Durchführung der Entnazisierung betreffende Vorschriften sind nicht in amtlichen Blättern verkündet worden. Zwar mußten nach dem Gesetz über die Verkündung von Rechtsverordnungen vom 13. Oktober 1923 (RGBl. I S. 959) Rechtsverordnungen grundsätzlich im Reichsgesetzblatt, einem Reichsministerialblatt oder im Deutschen Reichsanzeiger veröffentlicht werden. Diese Verkündungsorgane sind jedoch sämtlich mit dem Zusammenbruch Deutschlands weggefallen. Es kann deshalb — entgegen der Ansicht der Revision — aus dem Umstande, daß die Verordnung des Oberpräsidenten von Westfalen vom 30. Januar 1946 in keinem amtlichen Verkündungsorgan veröffentlicht worden ist, nichts gegen ihre Gültigkeit hergeleitet werden. Daran ändert auch der Umstand nichts, daß das Mitteilungs- und Verkündungsblatt des Oberpräsidenten der Provinz Westfalen schon vor dem Erlaß der Verordnung vom 30. Januar 1946, nämlich seit dem 7. 12. 1945 als amtliches Verkündungsorgan erschien. Denn allein dadurch, daß sich der Oberpräsident von Westfalen ein Verkündungsorgan schuf, entstand noch keine Rechtsnorm des Inhalts, daß vom Oberpräsidenten mit Genehmigung der Militärregierung erlassene Rechtsverordnungen nur durch Verkündung in dem genannten Mitteilungs- und Verordnungsblatt rechtlich ins Dasein treten konnten. In das durch den Zusammenbruch Deutschlands herbeigeführte Durcheinander wurde erst ganz allmählich und schrittweise Ordnung gebracht. Diese

Entwicklung, vor allem auch der Aufbau eines Behördenapparates und seine Besetzung im einzelnen, war noch keinesfalls auch nur vorläufig abgeschlossen und noch ständig im Fluß. Für diesen Zeitabschnitt gilt deshalb, daß Rechtsverordnungen auch auf andere Weise als durch Veröffentlichung in amtlichen Verkündungsorganen wirksam werden konnten. Sonst würden die Ergebnisse der damaligen Bemühungen um die Schaffung einer neuen Ordnung in bedenklicher Weise noch nachträglich in Frage gestellt werden. Bei Vorschriften, die — wie die VO. vom 30. Januar 1946 — zum Wirksamwerden weiterer behördlicher Maßnahmen bedurften, ist es deshalb ausreichend, daß sie denjenigen Stellen, die sie handhaben sollten, mitgeteilt wurden und daß ihr Inhalt gerade durch die weiteren Maßnahmen mit Notwendigkeit allen bekannt wurde, denen sie bestimmte Verpflichtungen auferlegten..

Die Wiederbezugsmarken sind von der Strafkammer daher im Ergebnis zu Recht als Bezugsberechtigungen im Sinne des § 1 Abs. 2 KWVO. angesehen worden.

---

33. Die Genehmigung der Militärregierung zur Ausübung der Gerichtsbarkeit gegen einen Angehörigen der Vereinten Nationen kann noch in der Revisionsinstanz nachgeholt werden.

KRG. 4 Art. III d; MRG. Nr. 2 § 10 Art. VIb; VO. Nr. 29 der BritMilReg. Art. I.

Strafsenat. Urt. v. 3. Oktober 1949 i. S. Mu. StS 220/49.

Schwurgericht Hamburg.

Aus den Gründen:

Der Angeklagte ist als Mörder und zugleich als Räuber unter Aberkennung der bürgerlichen Ehrenrechte auf Lebenszeit zum Tode verurteilt. Seine Revision hat nur hinsichtlich des Strafausspruchs Erfolg.

Unter Überreichung eines Schreibens des polnischen Konsulats in H. vom 14. April 1949 macht der Angeklagte geltend, daß er polnischer Staatsbürger und das Verfahren gegen ihn vor einem deutschen Gericht deshalb unzulässig sei. Dieser Angriff geht fehl.

Nach § 10 des Art. VIb des auf Grund des KRG. 4 Art. IIId erlassenen Gesetzes Nr. 2 der BritMilReg. in der durch die Verordnung Nr. 29 Art. I gegebenen Fassung darf allerdings kein deutsches Gericht ohne Ermächtigung der Militärregierung gegen einen Staatsangehörigen der Vereinten Nationen die Gerichtsbarkeit beanspruchen oder ausüben. Wenn der Angeklagte polnischer Staatsangehöriger ist, gehört er gemäß dem MRG. Nr. 3 einer der Vereinten Nationen an. In diesem Falle wäre die Strafverfolgung vor dem Schwurgericht mangels einer solchen Ermächtigung unzulässig gewesen. Inzwischen ist jedoch diese Ermächtigung der MilReg. von der Staatsanwaltschaft eingeholt worden. Damit ist die Befugnis des Revisionsgerichts zur Entscheidung in der Sache selbst gegeben und der Mangel, der dem bisherigen Verfahren etwa anhaftete, geheilt.

Das Reichsgericht hat zwar zunächst die Auffassung vertreten, daß prozessuale Voraussetzungen, zu denen unbestritten auch die Gerichtsbarkeit gehört, nicht erst in der Revisionsinstanz geschaffen werden könnten, und zwar, weil es die Aufgabe des Revisionsgerichts allein in der „Nachprüfung eines bereits begründeten Verfahrens" sah (RGSt. Bd. 46 S. 48). Jedoch bereits in der Entscheidung Bd. 67 S. 53, 55 hat es in Erweiterung seines Aufgabenkreises den Standpunkt vertreten, daß es sich bei der Untersuchung der Verfahrensvoraussetzungen nicht ausschließlich um die Prüfung handele, ob der Vorderrichter einen Verstoß begangen habe, sondern vor allem um die Frage, ob das Revisionsgericht zur Entscheidung in der Sache selbst berechtigt sei. Von dieser schon vor dem Jahre 1933 gewonnenen Einsicht aus war es nur folgerichtig, wenn das Reichsgericht es später darauf abstellte, ob zur Zeit seiner Entscheidung alle Verfahrensvoraussetzungen vorlagen (RGSt. Bd. 68 S. 120; Bd. 72 S. 379). Diese Ansicht, die das Reichsgericht seit dem Jahre 1934 ständig vertreten hat (z. B. in DR. 1940 S. 1523; HRR. 1940 Nr. 39; HRR. 1941 Nr. 98), ist eine zweckmäßige Fortentwicklung der älteren Rechtsprechung. Der Senat ist ihr bereits in der Entscheidung vom 7. Juni 1949 (StS 160/48) gefolgt und hält hieran fest . . .

34. 1. Es unterliegt dem Ermessen des Tatrichters, ob er der Erklärung eines Zeugen, die Angeklagte sei seine Verlobte, ohne weiteres Glauben schenkt und von seiner Vernehmung absieht oder ob er gemäß § 56 StPO. eine Glaubhaftmachung der das Verlöbnis ergebenden Tatsachen verlangt. Die Anerkennung eines Zeugnisverweigerungsrechts ist mit der Revision nur angreifbar, wenn sie erkennbar auf Rechtsirrtum beruht.

2. Zur Frage der Grausamkeit, der Heimtücke und des niedrigen Beweggrundes bei einer im Affekt begangenen Tötung.

3. Untersuchungshaft kann auf lebenslanges Zuchthaus nicht angerechnet werden.

StGB. §§ 60, 211; StPO. §§ 52 Ziffer 1, 56.

Strafsenat. Urt. v. 3. Oktober 1949 g. H. StS 217/49.

Schwurgericht Münster.

Aus den Gründen:

Die Angeklagte ist wegen Mordes unter Aberkennung der bürgerlichen Ehrenrechte auf Lebenszeit zu lebenslangem Zuchthaus verurteilt. Die Sache ist auf ihre Sachrüge zurückverwiesen.

In verfahrensrechtlicher Hinsicht erblickt die Revision darin einen Verstoß gegen die §§ 52, 245 StPO., daß das Schwurgericht von einer Vernehmung des Zeugen B., der seine Aussage unter Hinweis auf sein Verlöbnis mit der Angeklagten verweigerte, abgesehen hat, ohne die Feststellung zu treffen, daß das Verlöbnis zur Zeit der Hauptverhandlung noch bestanden habe. Einer solchen Feststellung bedarf es jedoch nicht. Zwar darf ein Zeuge seine Aussage nach § 52 Ziffer 1 StPO. nur dann verweigern, wenn das Verlöbnis bei seiner Vernehmung noch besteht. Ob aber das Gericht der Erklärung eines Zeugen, die Angeklagte sei seine Verlobte, ohne weiteres Glauben schenkt und deshalb die hierauf gestützte Zeugnisverweigerung hinnimmt, oder ob es gemäß der ihm in § 56 StPO. eingeräumten Befugnis die Glaubhaftmachung der das Verlöbnis ergebenden Tatsachen verlangt, unterliegt seinem Ermessen. Ausführungen hierüber in den Urteilsgründen sind weder in § 267 StPO., noch an anderer Stelle vorgeschrieben und sachlich auch nicht erforderlich. Die Anerkennung eines Zeugnisverweigerungsrechts ist mit der Revision nur angreifbar, wenn sie erkennbar auf Rechtsirrtum beruht (RG. in JW. 1928 S. 414 und JW. 1929 S. 861). In dem vorliegenden Falle hat der Zeuge nach der Sitzungsniederschrift die Erklärung abgegeben: „Die Angeklagte ist meine Verlobte" und nach Belehrung die Aussage verweigert. Wenn das Schwurgericht daraufhin von seiner weiteren Vernehmung absah, so geschah das offenbar deshalb, weil es dessen Erklärung glaubte. Das war Sache des pflichtgemäßen Ermessens des Schwurgerichts. Ein Rechtsfehler läge nur vor, wenn es hierbei von rechtsirrigen Erwägungen ausgegangen wäre und etwa ein Verlöbnis, das zwar früher bestanden hatte, zur Zeit der Vernehmung aber bereits aufgelöst war, als einen die Zeugnisverweigerung rechtfertigenden Grund angesehen hätte. Das anzunehmen, liegt kein Anlaß vor.

Die Sachbeschwerde der Angeklagten muß jedoch Erfolg haben. Bedenkenfrei ist allerdings die Annahme des Schwurgerichts, die Angeklagte habe am 3. Dezember 1948 ihren damals etwa $2^1/_2$ Jahre alten Sohn Hans-Jürgen vorsätzlich getötet; denn es stellt hierzu fest, daß sie ihn im Aasee unter Wasser drückte, bis er sich nicht mehr bewegte, daß er hierbei den Erstickungstod fand, und daß sie „die Tötung ihres Kindes vor und während der Tat in ihr Bewußtsein aufgenommen und den Tod des Kindes gewollt" hat. Da das Schwurgericht ferner mit einwandfreier Begründung die Zurechnungsfähigkeit der Angeklagten zur Tatzeit bejaht, ist der Tatbestand der vorsätzlichen Tötung gegeben. Hiergegen erhebt die Revision auch keine Einwendungen. Die weitere Annahme des Schwurgerichts, die Angeklagte habe „grausam" getötet, findet jedoch, worauf die Revision mit Recht hinweist, in dem festgestellten Sachverhalt keine genügende Stütze.

Das Schwurgericht legt das Merkmal der „Grausamkeit" in § 211 Abs. 2 StGB. dahin aus, daß es „allein in der inneren Einstellung des Täters während der Tat vorhanden" sein müsse, „die sich lediglich durch äußere Umstände der Tat dokumentiert" und meint, die Tat lasse eine gefühllose und unbarmherzige Gesinnung der Angeklagten erkennen, weil diese die Gefühle der Mutterliebe und des Mitleids in grober, grauenerregender Weise vergewaltigt oder sich über sie hinweggesetzt habe. Diese Auffassung gibt in mehrfacher Hinsicht zu Bedenken Anlaß.

Unrichtig ist zunächst die Auslegung des Begriffs „grausam" insofern, als das Gericht nur auf die Gesinnung des Täters abstellt, den äußeren Umständen der Tat jedoch keine selbständige Bedeutung beimißt, sondern sie nur als Anzeichen für die seelische Verfassung des Täters verwerten will. Das Reichsgericht hat bereits in den in den Gründen des angefochtenen Urteils angeführten Entscheidungen RGSt. Bd. 76, S. 297, 299, Bd. 77 S. 45 zwischen den äußeren Umständen der Tat und der Gesinnung, in der sie begangen wurde, unterschieden, wenn auch noch nicht mit voller Schärfe, und dann im Urteil vom 4. November 1943 (JW. 1944 S. 148) klar zum Ausdruck gebracht, daß das Merkmal „grausam" eine äußere und eine innere Tatseite enthalte. Die äußere Tatseite sieht es für gegeben an, wenn die Ausführung der Tötung dem Opfer körperliche oder seelische Leiden von einer Stärke oder Dauer bereitet, die nicht erforderlich ist, um den Tod herbeizuführen. Zur inneren Tatseite verweist es auf die früheren Entscheidungen, in denen es insoweit eine gefühllose und unbarmherzige Gesinnung verlangt hat. In dem angeführten Urteil vom 4. November 1943 hebt das Reichsgericht sodann das Urteil schon deshalb auf, weil die äußere Tatseite nach dem festgestellten Sachverhalt nicht gegeben sei.

Diese Auffassung des Reichsgerichts liegt auch der Entscheidung des Senats OGHSt. Bd. 1 S. 87, 90 zu Grunde. Im Urteil OGHSt. Bd. 1 S. 95, 99 hat der Senat dann die Begriffsbestimmung des Reichsgerichts als zu eng bezeichnet. Nach dieser Entscheidung, an der der Senat festhält, heißt grausam töten: jemanden bewußt und gewollt in einer Weise oder unter solchen Umständen töten, daß die Tat, weil dem Opfer über die Vernichtung des Lebens hinaus weiteres Übel zugefügt wird, als gefühllos und unbarmherzig besonders zu verabscheuen ist. Diese Begriffsbestimmung enthält wiederum als wesentliche Bestandteile die äußere und die innere Tatseite.

Während zur inneren Tatseite, wie bisher, neben der Kenntnis des äußeren Tatbildes eine gefühllose und unbarmherzige Gesinnung erfordert wird, ist eine Tötung, bei der das Opfer schwer oder lange seelisch oder körperlich zu leiden hat, nur die regelmäßige äußere Erscheinungsform der Grausamkeit, zu der es gehört, daß die Art der Tötung oder die Umstände, unter denen sie erfolgt, die Zuführung eines über die Vernichtung des Lebens hinausgehenden, verabscheuungswürdigen Übels enthalten. Welche Umstände hiernach das äußere Tatbild der Grausamkeit ergeben, kann nur von Fall zu Fall entschieden werden.

Hiernach beruht die Verurteilung der Angeklagten wegen Mordes auf Rechtsirrtum. Nach den Feststellungen des Schwurgerichts trat der Tod des Kindes innerhalb von $^1/_2$ — 1 Minute nach dem Eintauchen in das Wasser ein. Daß das Kind hierbei erhebliche Schmerzen erlitten hätte, läßt sich den Urteilsgründen nicht entnehmen. Das Schwurgericht stellt vielmehr fest, daß die Lebensfunktionen des von einem langen Wege ermüdeten Kindes durch das plötzliche Eintauchen in das kalte Wasser infolge einer Schockwirkung vermindert gewesen sein können. Das Opfer hat also weder besondere Schmerzen erleiden, noch einen langen Todeskampf bestehen müssen. Auch sonst ist nicht ersichtlich, daß ihm durch die Art der Tötung oder die Umstände, unter denen sie geschah, ein Übel zugefügt wurde, das über die Vernichtung des Lebens hinausging. Das „Strampeln" des Kindes im Wasser, dem das Schwurgericht, wie die ausführliche Beweiswürdigung zeigt, so viel Gewicht beigelegt hat, ist in dieser Hinsicht bedeutungslos; denn es stellt nur eine Reaktion dar, die normalerweise jedes Ertrinken auslöst. Es fehlt daher bereits an dem äußeren Bilde einer grausamen Tötung.

Zur inneren Tatseite gehört, daß der Täter die Umstände, die das äußere Bild dieses Merkmals ergeben, in sein Bewußtsein und seinen Willen aufnimmt und aus gefühlloser, unbarmherziger Gesinnung handelt. Da es an solchen Umständen in dem vorliegenden Falle fehlt, entfällt die innere Tatseite. Die Annahme des Schwurgerichts, die Angeklagte habe aus einer in dem dargelegten Sinne verwerflichen Gesinnung getötet, ist auch mit den übrigen tatsächlichen Feststellungen nach der allgemeinen Lebenserfahrung nicht vereinbar. Nach ihnen beherrschte die Angeklagte bei der Begehung der Tat die Vorstellung, daß sie ihren Verlobten nur heiraten könne, wenn sie ihr Kind opfere, das der Eheschließung im Wege stand. Diese „spontan" aufgetretene Vorstellung wurde zu einer überwertigen Idee, die alle anderen Gefühle und Regungen, die gegen eine Tötung sprachen, überwog und bewirkte, daß die Angeklagte die Tat „in einem erheblichen Affektzustande" und „rein maschinenmäßig" ausführte. Eine solche seelische Verfassung schließt regelmäßig eine unbarmherzige Gesinnung aus. Wenn der Tatrichter dennoch im Einzelfall zu der Annahme einer solchen Gesinnung gelangt, dann muß er dies eingehend in tatsächlicher Hinsicht begründen, damit das Revisionsgericht prüfen kann, ob die Bildung seiner Überzeugung nicht auf rechtsirrigen Erwägungen beruht. Bemerkungen allgemeiner Art wie die, die Angeklagte habe die Gefühle der Mutterliebe und des Mitleids vergewaltigt, vermögen eine solche tatsächliche Begründung nicht zu ersetzen. Demnach läßt sich die Verurteilung der Angeklagten wegen grausamer Tötung nicht aufrechterhalten.

Das Schwurgericht hat ferner geprüft, ob die Angeklagte aus niedrigen Beweggründen oder heimtückisch getötet habe und diese Frage, soweit sie sich auf Grund der bisherigen Feststellungen beurteilen läßt, im Ergebnis zutreffend verneint. Die Angeklagte befürchtete, daß der Erfüllung ihres Wunsches, ihren Verlobten zu ehelichen, den sie sehr liebte, das von einem anderen Manne erzeugte Kind im Wege stehe. Der Zweck der Tat war also, den Weg für die ersehnte Eheschließung frei zu machen. Wenn die Angeklagte, um dieses Ziel zu erreichen, nicht einmal davor zurückschreckte, ihr eigenes von ihr geliebtes Kind zu opfern, so legt dies zwar die Annahme nahe, daß ihre an sich nicht zu mißbilligende Neigung zu ihrem Verlobten von einem rücksichtslosen Egoismus beherrscht wurde. Dieser Egoismus, der sie sogar dazu bestimmte, sich über ihre Mutterpflichten hinwegzusetzen, könnte als niedriger Beweggrund anzusehen sein. Erforderlich wäre jedoch weiterhin, daß sich die Angeklagte dieses verwerflichen Beweggrundes bei der Tatausführung b e w u ß t gewesen ist. Hiergegen spricht der vom

Schwurgericht festgestellte erhebliche Affektzustand, in dem die Angeklagte die Tötung „rein maschinenmäßig" ausgeführt hat. Ein niedriger Beweggrund ist deshalb bisher nicht erwiesen.

Was die Frage der Heimtücke anbelangt, so war das Kind zwar infolge seines geringen Alters dem Angriff der Angeklagten wehrlos und hilflos ausgesetzt. Das allein genügt jedoch noch nicht, um eine Handlungsweise als heimtückisch erscheinen zu lassen; denn sonst würde jede Tötung eines kleinen Kindes heimtückisch sein. Es muß vielmehr eine bewußte Ausnutzung dieser Wehrlosigkeit durch List, Falschheit oder Berechnung als inneres Merkmal hinzukommen (OGHSt. Bd. 1 S. 87, 90. Hieran fehlt es nach den Feststellungen des Schwurgerichts im vorliegenden Falle. Die bei der Erörterung zur Frage der Grausamkeit wiedergegebene seelische Verfassung der Angeklagten zur Zeit der Tat würde im übrigen einer solchen bewußten Ausnutzung der Hilflosigkeit des Opfers entgegenstehen (vgl. OGHSt. Bd. 2 S. 113) . . .

Für den Fall, daß das Schwurgericht wiederum zur Annahme eines Mordes gelangen sollte, was eine Verurteilung zu lebenslangem Zuchthaus zur Folge haben würde, bedarf noch der letzte Revisionsangriff der Angeklagten der Erörterung. Er geht dahin, daß das Schwurgericht die Feststellung und Anrechnung der von der Angeklagten erlittenen Untersuchungshaft unterlassen hat. Diese Rüge ist jedoch unbegründet. Nach § 60 StGB. kann die Untersuchungshaft auf die erkannte Strafe ganz oder teilweise angerechnet werden. Eine solche Anrechnung ist aber nur möglich, wenn die Art der Strafe sie ihrer Natur nach zuläßt. Bei der Todesstrafe oder bei lebenslanger Freiheitsstrafe ist das nicht der Fall. Mit Recht hat deshalb das Schwurgericht von einer Anrechnung der Untersuchungshaft abgesehen. Die Annahme der Revision, die Nichtberücksichtigung der Haft im Urteil sei im Interesse der Angeklagten untragbar, weil bei einer etwaigen Umwandlung der lebenslangen Freiheitsstrafe in eine zeitige im Gnadenwege die Entscheidung des Gerichts über Dauer und Anrechnung von erheblicher Bedeutung werden könne, vermag eine rechtlich unzulässige Maßnahme nicht zu rechtfertigen. . . .

35. 1. Zum Begriff der Grausamkeit und des Handelns aus niedrigen Beweggründen bei § 211 StGB.

2. Zum Begriff der öffentlichen Zusammenrottung.

3. Ist der Landfriedensbruch vollendet, ist es auf die Schuldfrage ohne Einfluß, wenn sich der Täter später aus Unwillen über den Grad der Ausschreitungen von der Menge trennt.

4. § 2a Abs. 2 StGB. in der Fassung des Gesetzes vom 28. Juni 1935 ist geltendes Recht.

StGB. §§ 2a Abs. 2, 125, 211; AAR. Nr. 1 Ziff. 8 b.

Strafsenat. Urt. v. 3. Oktober 1949 g. B. u. a. StS 180/49.

I. Schwurgericht Düsseldorf.

Aus den Gründen:

Die Angeklagten sind wegen Teilnahme an Ausschreitungen gegen die Juden am 9./10. November 1938 verurteilt, bei denen es in H. zu schweren Mißhandlungen und zu Tötungen gekommen ist. Das Urteil kennzeichnet den Hergang als ein Verbrechen gegen die Menschlichkeit und führt dann aus:

Die daneben gebotene (OGHSt. Bd. 1 S. 39) Würdigung des Verhaltens der verurteilten Angeklagten nach deutschem Strafrecht ist dagegen nicht frei von Rechtsirrtum . . . Im Falle E. W. hat das Schwurgericht festgestellt, daß der Angeklagte Bu. hier mit Überlegung gehandelt hat. Diese Darlegungen sind rechtlich bedenkenfrei. Die Beurteilung des Sachverhalts nach dem zur Zeit der Tat geltenden Recht führt hier zur Anwendung des § 211 StGB. alter Fassung. Mit Rücksicht auf § 2a StGB. hat das Schwurgericht richtig auch weiter geprüft, ob das zur Zeit der Entscheidung geltende Recht milder ist. Es ist zu dem Ergebnis gekommen, daß der Tatbestand des Mordes nach § 211 StGB. n. F. nicht vorliege, sondern nach neuem Recht nur § 212 StGB. gegeben sei. Diese Begründung ist jedoch rechtlich fehlerhaft. Das Merkmal der Heimtücke im Sinne des § 211 StGB. n. F. wird zwar mit nicht zu beanstandender Begründung verneint. Falschheit und Verschlagenheit haben der Tat ersichtlich nicht das Gepräge gegeben. Aber schon die Verneinung eines niedrigen Beweggrundes ist nach den sonst getroffenen Feststellungen nicht bedenkenfrei. Das Gericht hält es für wahrscheinlich, daß der Angeklagte aus einer falsch verstandenen Gefolgschaftstreue heraus geglaubt habe, seine Mitwirkung nicht versagen zu dürfen und daß er gehandelt habe, um nicht als Feigling zu erscheinen. Der Umstand, daß Treue, Mut und Tapferkeit sonst billigenswerte und wünschenswerte männliche Tugenden sind, reicht aber nicht aus, hier den niedrigen Beweggrund zu verneinen. Denn das Schwurgericht stellt auch fest, daß der Angeklagte die wahre Bedeutung der ganzen Aktion erkannte. Er wußte also, daß völlig schuldlose Menschen ohne jeden menschlich verständlichen Anlaß zu Tode gehetzt wurden, nur weil sie zu einer bestimmten rassischen oder religiösen Gemeinschaft gehörten. Die Tötung eines Menschen aus einem solchen Grunde bedeutet eine Abkehr von den einfachsten und selbstverständlichsten Grundsätzen und sittlichen Überzeugungen aller Kulturvölker. Wer, wie der Angeklagte, um diese Grundsätze und Überzeugungen weiß, sich aber in so unmißverständlicher Weise von ihnen lossagt, handelt sittlich besonders verwerflich. Wer sich in seinem Verhalten von Überlegungen leiten läßt, die eine bewußte Abkehr von diesen Grundsätzen bedeuten, handelt aus niedrigen Beweggründen. Das bedeutet nicht, daß jede Tötung aus politischen Gründen als Mord beurteilt werden müßte, weil der politische Beweggrund in *jedem* Falle ein niedriger Beweggrund sei. Der vorliegende Sachverhalt unterscheidet sich vielmehr deutlich von dem üblichen Bilde der Tötung aus politischen Gründen. Bei ihr wird der Täter seinem Opfer regelmäßig eine bestimmte, an ihm mißbilligte politische Haltung oder ein bestimmtes Verhalten vorwerfen. Im vorliegenden Falle bildete aber nicht einmal das *Verhalten* der Opfer, sondern ihr bloßes Dasein, ihre Zugehörigkeit zu einer bestimmten rassischen oder religiösen Gemeinschaft den Grund dafür, daß sie umgebracht wurden. Nach den Darlegungen des Schwurgerichts war sich der Angeklagte darüber auch klar. Bei dieser Sachlage liegt die Annahme nahe, daß mißverstandene Gefolgschaftstreue und die Befürchtung, sich sonst dem Vorwurf der Feigheit auszusetzen, den Angeklagten *allein* zur Tat niemals bestimmt hätten, sondern letzten

Endes der Gedanke, daß es sich bei seinem Opfer „nur" um einen Juden handele. Traf das aber zu — und das ist nach den Feststellungen des Schwurgerichts nicht auszuschließen —, dann muß das Vorliegen eines niedrigen Beweggrundes bejaht werden.

Mit unzutreffender Begründung hat das Schwurgericht auch das Merkmal der Grausamkeit verneint. Es führt hierzu aus: „Die Tötung ist hier durch den Schuß mit einer auf die Schläfe aufgesetzten Pistole ausgeführt worden. Eine solche Art der Tötung führt aber normalerweise zu einem sofortigen und damit auch schmerzlosen Ende"

Das Schwurgericht folgert also das Fehlen der Grausamkeit schon daraus, daß der eigentliche Vorgang des S t e r b e n s bei E. W. kurz und — soweit Überlebende das zu erkennen vermögen — schmerzlos war. Diese Betrachtungsweise ist zu eng. Schon in OGHSt. Bd. 1 S. 95, 99 ist ausgesprochen, daß die Grausamkeit einer Tötung auch in den U m s t ä n d e n , unter denen sie geschieht, liegen kann, mag auch die T ö t u n g selbst schnell und ohne besondere körperliche Qualen bewirkt werden. Hier aber ist E. W. gleichsam zu Tode gehetzt worden. Er erlebte zunächst, wie seine Mutter völlig schuldlos getötet wurde. Längere Zeit verbrachte er dann versteckt in Todesangst, bis auch er schließlich aufgespürt wurde und der Angeklagte Bu., dem die vorhergehenden Ereignisse bekannt waren, den hilflos, blutüberströmt und im Zustande höchster Verängstigung vor ihm stehenden Menschen nach vorbereitenden Maßnahmen, die diesem als zu seiner Tötung führend deutlich erkennbar waren, erbarmungslos niederschoß. Zum äußeren Tathergang enthält das angefochtene Urteil damit so eingehende Feststellungen, daß auf ihrer Grundlage das Vorliegen der Grausamkeit, soweit es dabei auf den ä u ß e r e n Hergang ankommt, schon jetzt zu bejahen ist. Zum inneren Tatbestand, zu dem Handeln aus unbarmherziger Gesinnung gehört, hat sich das Schwurgericht von seinem Standpunkt aus noch nicht geäußert. Die fehlenden Feststellungen können auch trotz eindeutiger Anzeichen dem Zusammenhang der Urteilsgründe nicht mit hinreichender Sicherheit entnommen werden. Das angefochtene Urteil ist deshalb insoweit aufzuheben.

Ergibt die neue Hauptverhandlung, daß das Verhalten

des Angeklagten im Falle E. W. sowohl nach der alten wie nach der neuen Fassung des § 211 StGB. als Mord zu beurteilen ist, so ist mit Rücksicht auf Art. 102 des Grundgesetzes § 211 a. F. anzuwenden. Denn Art. 102 hat die Todesstrafe mit unmittelbar eingreifender, rückwirkender Kraft abgeschafft (OGHSt. Bd. 2 S. 1). Damit ist sowohl in § 211 a. F. wie in § 211 StGB. n. F. nur noch lebenslanges Zuchthaus als einzige Strafe angedroht. Dem § 211 StGB. a. F. mit der durch Art. 102 des Grundgesetzes bestimmten Strafe steht also kein milderes späteres Gesetz gegenüber, das nach § 2a Abs. 2 StGB. angewendet werden könnte. Wenn auch bei tateinheitlichem Zusammentreffen mit Verbrechen gegen die Menschlichkeit die Strafe gemäß § 73 StGB. dem KRG. 10 zu entnehmen ist, weil dieses neben Freiheitsstrafen bis zu lebenslangem Zuchthaus auch noch Geldstrafen androht und deshalb als dasjenige Gesetz anzusehen ist, das die schwerste Strafe androht, so führt die gleichzeitige Anwendung des § 211 StGB. a. F. in Verbindung mit Art. 102 des Grundgesetzes doch dazu, daß keine mildere Strafe als lebenslanges Zuchthaus verhängt werden darf (OGHSt. Bd. 1 S. 244).

Müßte nach dem Ergebnis der neuen Hauptverhandlung § 211 a. F. bejaht, § 211 StGB. n. F. dagegen verneint werden, so würde der Sachverhalt nach jetzt geltendem Recht nach § 212 StGB. n. F. zu beurteilen sein. Dieser wäre gegenüber dem § 211 a. F. das mildere Gesetz, könnte also nach § 2a Abs. 2 StGB. an Stelle des § 211 StGB. a. F. angewendet werden. Gegen die Geltung dieser Vorschrift in ihrer jetzt vorliegenden Fassung bestehen keine Bedenken. Sie ist zwar erst durch das Gesetz vom 28. Juni 1935 eingeführt und bedeutet eine Änderung des früheren Rechtszustandes insofern, als sie die Bestimmung des früheren § 2 Abs. 2 StGB., der die Anwendung eines späteren milderen Gesetzes zwingend vorschrieb, in eine Kannvorschrift umwandelte. Sie ist jedoch nicht etwa ein Ausdruck nationalsozialistischer Rechtsauffassung, so daß ihr auch nicht aus diesem Grunde die Geltung abgesprochen werden kann. Das Reichsgericht hat schon den früheren § 2 Abs. 2 StGB. einschränkend stets dahin ausgelegt, daß die Anwendung des späteren milderen Gesetzes nur geboten sei, wenn es auf einer veränderten

(„geläuterten") Rechtsauffassung beruhe. Die Frage der Rückwirkung eines späteren milderen Gesetzes war auch schon vor 1933 Gegenstand lebhafter Auseinandersetzungen. Diesen Meinungsstreit brachte der durch Gesetz vom 28. Juni 1935 eingeführte § 2a Abs. 2 StGB. dadurch zu einem vorläufigen Abschluß, daß er die Anwendung des späteren milderen Gesetzes in das Ermessen des Gerichts stellte. Dabei handelt es sich nicht um ein freies, sondern — wie bei jeder richterlichen Ermessensentscheidung — um rechtlich gebundenes Ermessen, das sich vor allem durch die mit einer Rechtsänderung verfolgten Ziele und Zwecke und durch die gesetzgeberischen Gründe leiten lassen muß, auf denen die Änderung beruht. So verstanden, haftet dem § 2a Abs. 2 StGB. nichts an, was mit dem Geiste der heutigen Strafrechtsordnung unverträglich wäre. Bezeichnenderweise hat auch das KRG. 11 die dem § 2a benachbarten §§ 2 und 2b StGB. aufgehoben, den § 2a StGB. aber unberührt gelassen.

Schließlich steht der uneingeschränkten Anwendung des § 2a Abs. 2 auch nicht die Sperrvorschrift der AAR. Nr. 1 Ziffer 8b entgegen. Dabei kommt es allerdings nicht entscheidend darauf an, daß es sich bei § 2a StGB. um eine strafrechtliche Vorschrift allgemeiner Art handelt, durch die kein bestimmtes Strafgesetz in seiner Strafdrohung verschärft wird. Entscheidend ist, daß die uneingeschränkte Anwendung des § 2a Abs. 2 StGB. den mit der Sperrvorschrift der Ziffer 8b AAR. Nr. 1 verfolgten Zwecken widerstreitet. Diese gehen ersichtlich dahin, daß — von hier nicht vorliegenden Ausnahmefällen abgesehen — für eine Tat keine höhere Strafe verhängt werden soll, als für dieselbe Tat vor dem 30. Januar 1933 zulässig gewesen wäre. Dieser Zweck wird durch die Anwendung des § 2a Abs. 2 StGB. dann nicht gefährdet, wenn — wie es auch im vorliegenden Falle zutrifft — das mildere Gesetz nach dem 30. Januar 1933 erlassen ist. Macht der Tatrichter in einem solchen Falle von der ihm durch § 2a Abs. 2 StGB. gegebenen Ermächtigung keinen Gebrauch, sondern wendet er, entgegen dem früheren § 2 Abs. 2 StGB., das zur Tatzeit geltende strengere Gesetz an, so verhängt er doch keine Strafe, die er für dieselbe Tat nicht auch vor dem 30. Januar 1933 hätte verhängen können. Unter der Voraussetzung, daß das mildere Gesetz erst nach dem

30. Januar 1933 in Kraft getreten ist, muß also die Geltung des § 2a Abs. 2 StGB. mit der im Schrifttum und in der Rechtsprechung überwiegend vertretenen Rechtsmeinung bejaht werden. Im vorliegenden Falle müßte also das Schwurgericht, wenn es § 211 StGB. a. F. bejahen, § 211 StGB. n. F. aber verneinen müßte, sich nach § 2a Abs. 2 StGB. schlüssig werden, ob es dann den § 212 StGB. n. F. anwenden will, nach dem die Tat des Angeklagten vom jetzt geltenden Rechtszustande aus zu beurteilen wäre. Obwohl § 212 StGB. n. F. im Gegensatz zu § 212 StGB. a. F. als Höchststrafe lebenslanges Zuchthaus androht, stehen, wie in OGHSt. Bd. 2 S. 138 ausgeführt ist, Bestimmungen des Besatzungsrechts seiner Anwendung nicht entgegen.

Mit unzutreffender Begründung hat das Schwurgericht auch den Tatbestand des Landfriedensbruchs verneint. Es geht zwar an sich zutreffend davon aus, daß die öffentliche Zusammenrottung einer Menschenmenge nur vorliege, wenn die den Teilnehmern bewußte Möglichkeit der Beteiligung vieler, nicht bestimmter Personen gegeben ist. Abweichend von diesem richtigen Ausgangspunkt untersucht es aber dann, ob sich dem Trupp, zu dem die Angeklagten Bo., P. und Sch. gehörten, noch andere angeschlossen haben oder sich beteiligen wollten, oder ob die ursprünglich Beteiligten darauf Wert legten. All das ist für die Frage der Möglichkeit zum Anschluß nicht entscheidend. Auch wenn jede Gruppe zunächst nur aus bestimmten, zu der „Aktion" befohlenen ortsfremden SS-Leuten bestand und dieser Kreis sich zunächst nur um diejenigen vergrößerte, die besonders zur Teilnahme aufgefordert wurden, steht das der Annahme einer öffentlichen Zusammenrottung nicht entgegen. Aus dem angefochtenen Urteil ist nichts darüber zu entnehmen, daß die einzelnen Gruppen Vorkehrungen oder Maßnahmen getroffen hätten, die den Zweck verfolgt hätten, andere — auch Gesinnungsfreunde — von der Beteiligung auszuschließen. Es ist nicht einmal ersichtlich, daß die ursprünglichen und besonders aufgeforderten Teilnehmer durch eine straffe Befehlsgewalt zusammengefaßt wurden. Mit der Tätigkeit, die die Gruppen entfalteten, war die Erregung großen Lärms notwendig verbunden. Es widerspricht aller Lebenserfahrung, daß dadurch nicht auch andere angelockt werden konnten.

Allein im „Deutschen Haus" waren gegen 150 Menschen versammelt, die nach ihrer politischen Gesinnung und Haltung zu einem großen Teil als mögliche Beteiligte in Betracht kamen. Zum Unterschiede von zahlreichen anderen mit Gewalttätigkeiten gegen Mißliebige und Andersgesinnte verbundenen Unternehmungen zur Zeit der nationalsozialistischen Herrschaft, denen dann meist der Anschein polizeilicher Maßnahmen gegeben wurde, war die Judenverfolgung im November 1938, wie die Erfahrung gezeigt hat und was das Schwurgericht übersehen hat, jedenfalls dort, wo nach den örtlichen Verhältnissen eine zustimmende Haltung weiterer Kreise zu erwarten stand, geradezu darauf angelegt, daß sich außer den ursprünglich dazu Befohlenen auch andere Gesinnungsfreunde an den Ausschreitungen beteiligten. Die vom Schwurgericht im einzelnen erörterten näheren Tatumstände, vor allem die Art und der Verlauf der Ausschreitungen, die auch zur Nachtzeit die Aufmerksamkeit weiter Kreise erregen mußten und die Tatsache, daß vorwiegend solche Einwohner der Stadt, die nach ihrer politischen Haltung am ehesten für eine Beteiligung in Betracht kamen, zur Tatzeit noch in Gaststätten versammelt oder auf dem Heimweg begriffen waren, zeigen zur Genüge, daß auch in H. die Verhältnisse nicht anders lagen. Tatsächlich stellt das angefochtene Urteil sogar fest, daß sich der rechtskräftig verurteilte frühere Mitangeklagte Sch. ohne besondere Aufforderung einer der Gruppen anschloß. Auch Kr. fügte sich für einige Zeit, vorauf noch besonders einzugehen ist, einer Gruppe ein. Der Angeklagte L. konnte nach den Feststellungen des Urteils aus eigenem Entschluß die Wohnung H. aufsuchen, als eine der Gruppen dort wütete und sich der Frau H. und ihres kleinen Kindes annehmen, ohne irgendwie behindert zu werden. Um wieviel weniger ist daher anzunehmen, daß seine tätige Beteiligung an den Ausschreitungen unterbunden worden wäre. Bezeichnend ist, daß in der Wohnung der jüdischen Familie B. gleich zwei dieser gewalttätigen Trupps zusammentrafen, wobei sich jeder um den anderen vergrößerte. Alle diese vom Schwurgericht selbst festgestellten Tatsachen ergeben, daß die Möglichkeit des Anschlusses anderer bestand. . . .

Zur inneren Tatseite hat sich das Schwurgericht

nicht geäußert. Nach den den Angeklagten bekannten äußeren Tatumständen liegt zwar die Annahme nahe, daß auch sie sich dessen bewußt waren, daß sich jederzeit noch andere den Ausschreitungen anschließen konnten. Mit voller Sicherheit ist aber dieser Umstand dem Zusammenhange der Urteilsgründe nicht zu entnehmen. . . .

Auch der Freispruch des Angeklagten Le. beruht, wie der Revision der Staatsanwaltschaft zuzugeben ist, auf den irrigen Rechtsansichten des Schwurgerichts zur Frage und den Erfordernissen des Landfriedensbruchs. Nach den Urteilsfeststellungen bemerkte Le., der sich mit zahlreichen anderen im „Deutschen Haus" befand, wie verschiedene SA- und SS-Leute die Gaststätte verließen, hörte, wie es auf der Straße laut wurde und ging hinaus, um zu sehen, was es gebe. Als er am Hause H. vorbeikam, hörte er Hilferufe. Er ging in das Haus hinein und war zugegen, als H. von dem Mitangeklagten Bu. erstochen wurde. Vor ihm stand die Schwiegertochter des H. mit einem kleinen Kinde auf dem Arm. Diese fiel unmittelbar nach dem von Bu. geführten Dolchstoß in Ohnmacht. Le. brachte sie und das Kind zu einer Nachbarsfrau. Auf Bitten der Frau H. blieb er noch weiterhin bei dem Kinde, bis alles ruhig geworden war.

Diese Feststellungen vermögen die Freisprechung Le.s noch nicht zu rechtfertigen. Dadurch, daß er sich der Schwiegertochter des H. und ihres kleinen Kindes annahm, setzte er sich allerdings erkennbar in bewußten Gegensatz zu dem gewalttätigen Treiben der anderen, die in dem Hause wüteten. Die bloße Tatsache der körperlichen Anwesenheit im Hause kann deshalb von diesem Zeitpunkt an nicht als Anschluß an die Zusammenrottung angesehen werden. Denn er nahm nach außen deutlich erkennbar eine Haltung ein, die die Meinung nicht aufkommen lassen konnte, daß er jederzeit unterstützend eingreifen und die Zusammenrottung verstärken könne. Von dem Zeitpunkt an, wo er für Frau H. und ihr Kind sorgte, ist die Ansicht des Schwurgerichts, daß er sich weder des Verbrechens gegen die Menschlichkeit noch des Landfriedensbruchs schuldig gemacht habe, daher frei von Rechtsirrtum. Die Feststellungen des Schwurgerichts lassen aber die Möglichkeit offen, daß er durch sein Verhalten vorher diese Tatbestände verwirklicht hat. Denn dem Urteil ist nicht zu entnehmen, daß er gerade durch die Hilferufe veranlaßt wurde, die Wohnung der Familie H. zu betreten und daß er alsbald nach dem Eintritt die Gewalttat Bu.s erlebte und für Frau H. und das Kind sorgte. Nach den bisherigen Feststellungen ist es vielmehr nicht ausgeschlossen, daß er aus anderen Gründen in das Haus ging, sich dort längere Zeit aufhielt, ehe er helfend eingriff, dabei ein Verhalten an den Tag legte, das ihn als Teil der in der Wohnung wütenden Menge erscheinen ließ und erst durch die Bluttat Bu.s dazu gebracht wurde, sich von dem gewalttätigen Treiben der anderen abzuwenden und den Regungen der Anständigkeit und der Menschlichkeit nachzugeben. Wenn das zutraf, würde er sich durch dieses Verhalten des Landfriedensbruchs nach § 125 StGB., möglicherweise auch des Verbrechens gegen die Menschlichkeit schuldig gemacht haben. Auch wenn sein späteres Verhalten dazu im Gegensatz gestanden hätte und erkennen ließ, daß er eine bessere Einsicht gewonnen hatte und ihr auch unter deutlicher Abkehr vom bisherigen strafbaren Treiben folgte, so würde dadurch der schon vollendete Landfriedensbruch nicht aus der Welt geschafft worden sein. Die Schuldfrage würde durch sein späteres Verhalten nicht berührt, nur für das Maß seiner persönlichen Schuld und damit für die Höhe der Strafe könnte dann von Bedeutung sein, daß er sich von der gewalttätigen Menge, nachdem er ihr eine Zeitlang angehört hatte, aus besserer Einsicht trennte. Da das Schwurgericht das verkannt hat, fehlen ausreichende tatsächliche Feststellungen . . .

---

36. 1. Gesetze, die RM-Strafen androhten, drohen nunmehr DM-Strafen in gleicher Höhe an, auch für Taten, die vor der Währungsreform begangen sind. Eine vor der Währungsreform noch nicht verhängte Strafe kann nicht im Verhältnis 10:1 auf DM umgestellt werden.

2. Zum Verbot der reformatio in peius:

a) Die im aufgehobenen Urteil erkannte Freiheitsstrafe begrenzt nicht die Höhe einer nunmehr stattdessen erkannten Geldstrafe, wohl dagegen die Höhe der Ersatzfreiheitsstrafe.

b) War im aufgehobenen Urteil nur auf Geldstrafe erkannt, so darf im neuen Urteil auch zu Wertersatz verurteilt werden, wenn nunmehr Geldstrafe und Wertersatz zusammen die alte Geldstrafe nicht übersteigen.

3. Der nach Aufhebung des § 354a StPO. wieder uneingeschränkt geltende § 337 StPO. hindert das Revisionsgericht grundsätzlich, Gesetzesänderungen zu berücksichtigen, die nach Erlaß des angefochtenen Urteils in Kraft getreten sind. Eine Ausnahme hiervon kann unter besonderen Umständen der Änderung selbst zu entnehmen sein.

4. Das Gesetz des Wirtschaftsrats zur Änderung des Gesetzes über das Branntweinmonopol vom 21. Oktober 1948 stellt die früheren Strafdrohungen dieses Gesetzes wieder her, und zwar als milderes Gesetz mit Rückwirkung; diese ist auch noch vom Revisionsgericht zu berücksichtigen.

5 Auch bei Monopolhehlerei ist auf Einziehung bzw. Wertersatz zu erkennen.

KRG. 27 Art. V; MRG. Nr. 61 (Währungsgesetz) § 2; MRG Nr. 63 (Umstellungsgesetz) §§ 13 ff.; MRVO. Nr. 194; AAR. Nr. 1 Ziff. 8b; WirtschaftsratsG. z. Änd. d. BrMonG. vom 21. Oktober 1948 § 1 IV; Grundgesetz Art. 102; StGB. § 2a Abs. 2; StPO. § 337, früherer § 354a, § 358 Abs. 2; RAbgO. §§ 401 Abs. 2, 403 Abs. 2; BrMonG. §§ 123, 124, 128.

Strafsenat. Urt. v. 4. Oktober 1949 g. M. StS 132/49.

I. Landgericht Paderborn.
II. Oberlandesgericht Hamm.

Gründe:

Der Angeklagte war von der Strafkammer am 23. Februar 1948 wegen Monopolhehlerei zu 1000 RM Geldstrafe und wegen Unterschlagung zu zwei Wochen Gefängnis verurteilt worden. Auf seine Revision hat das Oberlandesgericht am 5. Juli 1948 die Verurteilung wegen Unterschlagung aufgehoben und den Schuldspruch dahin geändert, daß der Angeklagte auch in diesem Falle der Monopolhehlerei schuldig sei. Wegen des Strafausspruchs in diesem Falle ist die Sache an das Landgericht zurückverwiesen worden. Daraufhin hat die Strafkammer am

1. Oktober 1948 den Angeklagten wegen Monopolhehlerei in einem zweiten Falle zu einer Geldstrafe von 1000 DM als der gesetzlichen Mindeststrafe, an deren Stelle im Nichtbeitreibungsfalle für je 100 DM ein Tag Gefängnis tritt, verurteilt.

Gegen diesen Strafausspruch richtet sich die Revision des Angeklagten. Sie führt sinngemäß aus, daß der Angeklagte bei zutreffender Beurteilung durch die Strafkammer bereits am 23. Februar 1948 nicht wegen Unterschlagung, sondern wegen einer zweiten Monopolhehlerei zu bestrafen gewesen sei. Aus den Strafzumessungsgründen des angefochtenen Urteils ergebe sich, daß der Angeklagte in d i e s e m Falle auch nur mit der Mindeststrafe von 1000 RM bestraft worden wäre. Die durch das Versehen der Strafkammer bedingte Verzögerung der Entscheidung rechtfertige es aber nicht, daß im Urteil vom 1. Oktober 1948 die Mindeststrafe nunmehr in DM festgesetzt worden sei.

Das Oberlandesgericht hat die Revision dem Obersten Gerichtshof vorgelegt wegen der unter Oberlandesgerichten der Britischen Zone strittigen, grundsätzlichen Rechtsfrage, ob der Revisionsrichter eine gesetzliche Bestimmung, die erst n a c h dem Erlaß des angefochtenen Urteils in Kraft getreten ist, berücksichtigen dürfe. Das Oberlandesgericht möchte die Frage verneinen und die Revision verwerfen.

Indes ist der Revision der Erfolg nicht zu versagen.

Aus dem § 2 MilRegG. 61 (Währungsgesetz) ist zu entnehmen, daß mit der Währungsreform Gesetze und Verordnungen, die RM-Strafen androhten, nunmehr grundsätzlich DM-Strafen in gleicher Höhe androhen. Ein Unterschied, ob die Tat vor oder nach der Währungsreform begangen ist, wird dabei nicht gemacht. Der gesetzgeberische Gedanke bei dieser Regelung ist der, daß die Strafdrohung die gleiche bleiben, also weder erhöht noch erniedrigt werden soll. Es handelt sich also nicht um den Fall der Verschärfung eines Strafgesetzes, deren Rückwirkung auf Taten, die vor ihrem Inkrafttreten begangen sind, fraglich sein könnte. Die Anwendung des § 2 des Währungsgesetzes auf Taten, die vor der Währungsreform begangen sind, verstößt also nicht gegen das Rückwirkungsverbot.

Der staatliche Strafanspruch wird erst dann zu einer auf die Zahlung einer Geldsumme gerichteten Strafforderung, wenn auf eine bestimmte Strafe erkannt ist. Ist das, wie hier, erst nach der Währungsreform geschehen, so liegt eine RM-Verbindlichkeit, die nach den §§ 13 ff. des MilRegG. 63 (Umstellungsgesetz) im Verhältnis 10:1 auf DM umgestellt werden könnte, nicht vor. Das ist auch dann nicht anders, wenn die tatrichterliche Verurteilung zu Geldstrafe schon vor der Währungsreform erfolgen konnte und hätte erfolgen sollen.

Die Strafkammer ist also mit Recht bei Erlaß ihres Urteils am 1. Oktober 1948 davon ausgegangen, daß die gesetzliche Mindestgeldstrafe für Monopolhehlerei nach § 124 BrMonG. i. V. mit Art. V Z. 1 des KRG. 27 1000 DM sei. An der Verhängung dieser Mindeststrafe war die Strafkammer auch nicht durch das Verbot der Erschwerung des Strafausspruchs (§ 358 Abs. 2 StPO.) gehindert. Zwar konnte das Gericht die im KRG. 27 angedrohte Mindestgefängnisstrafe von sechs Monaten nicht verhängen, durfte vielmehr, wenn es wieder auf eine Gefängnisstrafe erkennen wollte, über die im ersten Urteil erkannte Strafe von zwei Wochen Gefängnis nicht hinausgehen. Sollte aber statt der ursprünglichen Gefängnisstrafe nur auf eine Geldstrafe erkannt werden, so durfte nur die Ersatzfreiheitsstrafe nicht höher sein als zwei Wochen Gefängnis; das hat die Strafkammer richtig berücksichtigt; die Geldstrafe selbst aber, als die grundsätzlich geringere Strafart und ihrer Höhe nach unvergleichbar mit der Dauer einer Freiheitsstrafe, war durch das Verbot der Erschwerung des Strafausspruchs nicht beschränkt.

Es ist nicht zu verkennen, daß eine gesetzliche Mindeststrafe von 1000 DM für einen besonders leichten Fall der Monopolhehlerei eine überaus harte Strafe sein kann, zumal der Verurteilte die Wahrscheinlichkeit vor Augen hat, daß er bei zutreffender Verurteilung vor der Geldreform neun Zehntel dieser Strafe erspart haben würde.

Nun ist inzwischen eine neue Rechtslage entstanden duch das Gesetz des Wirtschaftsrats zur Änderung des Gesetzes über das Branntweinmonopol vom 21. Oktober 1948 (VOBl. BZ. S. 319) § 1 IV und § 4, das zuvor zweifellos vom Bipartite Board gemäß Art. X Z. 1 der MilRegVO. 126 genehmigt und später durch die MilRegVO. 194

(Amtsblatt Nr. 29, Datum 30. Juli 1949) amtlich ausgelegt worden ist: Die Strafvorschriften im ersten Teil, elften Abschnitt des BrMonG., zu denen auch die §§ 124, 122 (Monopolhehlerei) gehören, sind wieder in der Fassung des Gesetzes vom 25. März 1939 (RGBl. I S. 604) anzuwenden. Die Mindeststrafen des KRG. 27 sind weggefallen, es kann auch wieder auf Geldstrafe schlechthin erkannt werden.

Das erwähnte Gesetz des Wirtschaftsrats ist seinem strafrechtlichen Inhalt nach „ein milderes Gesetz" im Sinne von § 2a Abs. 2 StGB. Die darin ausgesprochene Streichung der Mindeststrafen beruht auf geläuterter Rechtsauffassung. Hätte die Strafkammer den Strafausspruch erst nach dem Inkrafttreten dieses Gesetzes gefällt, so hätte sie nicht mehr von der im KRG. 27 vorgeschriebenen Mindestgeldstrafe ausgehen dürfen (AAR. Nr. 1 Z. 8b, § 2 Abs. 2 StGB. in der vor 1933 gültigen Fassung). Da aber das angefochtene Urteil vorher ergangen ist, bleibt die vom Vorlegungsbeschluß gestellte Frage, ob das Revisionsgericht die nachträgliche Rechtsänderung berücksichtigen darf.

Nach § 337 StPO. kann die Revision nur auf Rechtsverletzungen gestützt werden, auf denen das Urteil beruht, hat also das Revisionsgericht nur nachzuprüfen, ob der Tatrichter das zur Zeit seines Urteils geltende Recht richtig angewandt hat. Hieraus hat das Reichsgericht in ständiger Rechtsprechung zutreffend abgeleitet, daß spätere Gesetzesänderungen für die Revisionsinstanz grundsätzlich ohne Bedeutung seien. Der durch die Novelle vom 28. Juni 1935 (RGBl. I S. 844) eingeführte § 354a StPO. hat nach einer verbreiteten Auslegung diese Praxis durchbrochen; u. a. konnte nunmehr auch das Revisionsgericht ein späteres milderes Gesetz anwenden. Die durch die AAR. Nr. 2 eingeführte Neufassung der StPO. enthält den § 354a nicht mehr. Es gibt keinen Anhaltspunkt dafür, daß diese Vorschrift als überflüssig deswegen gestrichen worden wäre, weil die darin getroffene Regelung inzwischen feststehende Praxis geworden wäre und diese Praxis trotz Aufhebung ihrer gesetzlichen Stütze Bestand haben werde und solle. Es ist also wieder grundsätzlich nach § 337 StPO. zu verfahren. Soweit ist der Rechtsauffassung des Vorlegungsbeschlusses zuzustimmen. Diese

Auffassung ist keineswegs formalistisch. Sie dient vielmehr in gesetzestreuer Weise dem Gleichheitsprinzip bei der Anwendung des Grundsatzes, daß für jeden Straffall die Rechtslage beim letzten tatrichterlichen Urteil maßgeblich ist, ohne Rücksicht darauf, ob im Einzelfalle Revision eingelegt ist.

Es kann indes vorkommen, daß die Milderung eines Strafgesetzes einer besonders wichtigen rechtspolitischen Forderung oder einem besonders dringenden Bedürfnis der Gerechtigkeit entspricht. Der Gesetzgeber kann dem dadurch Rechnung tragen, daß er in der Novelle ausdrücklich bestimmt, auch im Revisionsverfahren müsse diese Gesetzesmilderung rückwirkend berücksichtigt werden. Ein solcher Gesetzeswille kann aber auch unter Umständen, ohne daß er besonders zum Ausdruck gebracht ist, der Novelle durch Auslegung zu entnehmen sein. Der OGH. hat das bereits in einem Falle bejaht, und zwar für die Abschaffung der Todesstrafe durch Art. 102 des Grundgesetzes (OGHSt. Bd. 2 S. 1). Dasselbe ist anzunehmen für die Aufhebung der Mindestgeldstrafen des KRG. 27 Art. V durch das Wirtschaftsratsgesetz. Der nach unten begrenzte Strafrahmen der Geldstrafen stand nämlich seit der Währungsreform nicht mehr in Übereinstimmung mit der Gerechtigkeit. Mindestgeldstrafen von 1000 bzw. 800 DM überstiegen den Schuldgehalt geringfügiger Monopolvergehen ganz beträchtlich; auch in den schwereren Fällen konnte diese Strafuntergrenze zu überhöhten Strafen führen. Für jedermann war klar, daß sofortige Abhilfe unerläßlich war. Kam diese schließlich, dann notwendig in dem Sinne, alle Straffälle zu erfassen, die noch nicht endgültig abgeschlossen waren. Auf diese Auslegung deutet auch Art. 2 der MilRegVO. 194 hin, wonach solche Strafen nicht berührt sind, die durch ein bereits „rechtskräftig gewordenes Urteil verhängt worden sind".

Mithin hat in diesem besonderen Falle das Revisionsgericht die nach dem Erlaß des angefochtenen Urteils ergangene Gesetzesmilderung ausnahmsweise zu berücksichtigen. Der in dem Urteil enthaltene Strafausspruch muß aufgehoben werden, da die Höhe der Geldstrafe nur durch die damals bestehende gesetzliche Mindeststrafe zu erklären ist.

Bei der neuen Strafzumessung durch die Strafkammer ist zu berücksichtigen, daß bei Monopolhehlerei in gleicher Weise wie bei Monopolhinterziehung auf Einziehung, wenn diese aber, wie im vorliegenden Falle, nicht mehr möglich ist, auf Wertersatz neben der Hauptstrafe zu erkennen ist. Das ergibt sich aus den §§ 124 Abs. 2 und 3, 123, 128 BrMonG., §§ 401 Abs. 2, 403 Abs. 2 RAbgO. Die Wertersatzstrafe nachzuholen, widerspricht nicht dem § 358 Abs. 2 StPO., sofern die neue Geldstrafe zusammen mit der Wertersatzstrafe die Höhe der bisher allein erkannten Geldstrafe nicht übersteigt.

---

37. 1. Findet die Urteilsberatung und -abstimmung schon vor dem Schlußwort des Angeklagten statt und gibt der Angeklagte noch nachher sachliche, wenn auch kurze Erklärungen ab, so müssen sich die Mitglieder des Gerichts in äußerlich erkennbarer Weise untereinander darüber verständigen, ob diese Schlußerklärungen an den Grundlagen des bisherigen Verhandlungsergebnisses etwas geändert haben und es bei dem beschlossenen Urteil verbleiben soll. Die Verletzung dieser Verpflichtung führt nur dann zur Aufhebung des Urteils, wenn es auf diesem Mangel beruhen kann.

2. War zur Zeit der Entscheidung des Tatrichters noch § 1 KWVO. und die VRStrVO. in Kraft, kann das Revisionsgericht die durch das Gesetz zur Vereinfachung des Wirtschaftsstrafrechts vom 26. Juli 1949 eingetretene Rechtsänderung nicht berücksichtigen.

3. Auch Ansprüche, die keinen rechtlichen Bestand haben, können einen Vermögenswert im Sinne des § 263 StGB. darstellen.

StGB. § 263; KWVO. § 1 Abs. 1 und 3; VRStrVO. § 2 Abs. 1 Ziffer 1 Abs. 4; Gesetz zur Vereinfachung des Wirtschaftsstrafrechts vom 26. Juli 1949 §§ 102, 104, 105; StPO. §§ 258 Abs. 2 und 3, 260, 261, 337, 338 Ziffer 1; GVG. § 193.

Strafsenat. Urt. v. 11. Oktober 1949 g. P. u. a. StS 160/49.

I. Landgericht Köln.
II. Oberlandesgericht Köln.

Aus den Gründen:

Am 11. November 1946 wurden 123 Kisten zu je 25 kg, also insgesamt 61½ Zentner Butter, die der Lebensmittelgroßhandlung des Mitangeklagten zur Verteilung zugewiesen waren, von dort weggebracht und im Kettenschwarzhandel zum Preise von 100 bis 185 RM, je Pfund abgestoßen. Die Angeklagten sind wegen Verbrechens gegen § 1 Abs. 1 und 3 KWVO. in Tateinheit mit Vergehen gegen §§ 1—6 PrStrRVO. und gegen § 2 Abs. 1 Nr. 1 und Abs. 4 VRStrVO., der Angeklagte D. auch in Tateinheit mit Betrug verurteilt.

Ihre Rechtsmittel sind nicht begründet.

1. Zur Verfahrensrüge tragen die Beschwerdeführer vor: Die Strafkammer habe nach mehrtägiger Verhandlung nach den Schlußvorträgen der Verteidigung, aber v o r dem Schlußwort der Beschwerdeführer, über das Urteil beraten und zu Beginn des neuen Verhandlungstages die Beschwerdeführer befragt, ob sie selbst noch etwas zu ihrer Verteidigung anzuführen hätten. Diese hätten erklärt, sie bereuten die Tat und bäten um ein mildes Urteil. Im Anschluß daran sei auf Anordnung des Vorsitzenden die schon vorher festgelegte Urteilsformel durch den Berichterstatter verlesen worden, ohne daß die Strafkammer den Inhalt der Schlußworte zum Gegenstand der Beratung gemacht habe. Aus der Sitzungsniederschrift und den dienstlichen Erklärungen der Richter, die bei der Verhandlung mitwirkten, ergibt sich die Richtigkeit dessen. Die Schlußworte der Beschwerdeführer wiederholten jedoch nur Erklärungen, die sie im Verlaufe der Hauptverhandlung schon mehrfach abgegeben hatten. Sie boten also s a c h l i c h nichts Neues und änderten nichts an den Grundlagen des bereits beratenen Urteils. Die Mitglieder der Strafkammer, die ebenfalls sämtlich dieser Ansicht waren, haben sich jedoch darüber nicht untereinander verständigt, sondern ihre Auffassung nur dadurch zum Ausdruck gebracht, daß sie gegen die Anordnungen des Vorsitzenden keine Einwendungen erhoben. Dieses Verfahren wird von der Revision mit Recht bemängelt.

Nach § 258 Abs. 2 StPO. gebührt den Angeklagten das letzte Wort. Auch wenn für sie, wie es im vorliegenden Falle geschah, ein Verteidiger spricht, sind sie nach § 258 Abs. 3 StPO. zu befragen, ob sie selbst noch etwas zu ihrer Verteidigung anzuführen haben. Daran schließt sich die Beratung nach den §§ 193 ff. GVG. Ihr folgt als Schluß der Hauptverhandlung die Erlassung des Urteils (§ 260 StPO.). Rechtsprechung und herrschende Rechtslehre haben diese Bestimmungen stets dahin ausgelegt, daß sich das Gericht dabei nicht notwendig zur Beratung und Abstimmung zurückzuziehen braucht, daß sich die Mitglieder des Gerichts vielmehr über einfache Fragen auch im Sitzungszimmer mit leiser Stimme oder auch durch Zeichen verständigen können (vgl. RGSt. Bd. 22 S. 396; Bd. 30 S. 226, 230; Bd. 42 S. 85). Rechtsprechung und Schrifttum haben es auch stets für zulässig erklärt, daß Beratungen über den Gegenstand der Urteilsfindung auch schon in einem der Urteilsverkündung v o r a u s l i e g e n d e n Zeitpunkt stattfinden (RGSt. Bd. 42 S. 85). Der Senat sieht keinen Grund, der eine Abweichung von diesen Grundsätzen rechtfertigen könnte. Es ist deshalb nicht zu beanstanden, daß die Strafkammer schon nach dem vierten Verhandlungstage zur Beratung und Abstimmung schritt, noch ehe die Angeklagten erklärt hatten, ob sie noch selbst etwas zu ihrer Verteidigung hinzuzufügen hätten. Wenn sich jedoch die Urteilsverkündung nicht unmittelbar an die Beratung anschließt, sondern das Gericht noch einmal in die Verhandlung eintritt und die Angeklagten — wie im vorliegenden Falle — noch Erklärungen abgeben, müssen sich die Richter vor der Urteilsverkündung e r n e u t verständigen, ob die nach der ersten Beratung abgegebenen Erklärungen eine Änderung des beratenen Urteilsinhalts zur Folge haben können oder nicht. Das ergibt sich nicht nur daraus, daß das Urteil am S c h l u s s e der Hauptverhandlung zu erlassen ist (§ 260 Abs. 1 StPO.), sondern folgt auch unmittelbar aus § 261 StPO. Diese Vorschrift enthält nicht nur das Verbot der Berücksichtigung von Tatsachen, die nicht Gegenstand der Verhandlung gewesen sind; daß das Gericht seine Überzeugung aus dem Inbegriff der Verhandlung zu schöpfen hat, schließt auch die Verpflichtung ein, a l l e s bei der Urteilsfindung zu berücksichtigen, was in der Verhandlung zur Sprache gekommen ist. Dazu gehören auch die Erklärungen der Angeklagten gemäß § 258 Abs. 3 StPO. Eine schon v o r diesem Zeitpunkt durchgeführte Beratung und Abstimmung kann also die künftige Entscheidung nur tragen, wenn die weitere Verhandlung nichts erbracht hat, was das Ergebnis beeinflussen könnte. Ob das zutrifft, kann aber grundsätzlich nur durch eine erneute Beratung und Abstimmung geklärt werden. Kommt es unter den Mitgliedern des Gerichts zu keiner Verständigung über Wert und Bedeutung des nach der letzten Beratung liegenden Verhandlungsergebnisses, so wird damit offensichtlich, daß es, entgegen der Vorschrift des § 261 StPO., nach der das Gericht seine Überzeugung aus dem Inbegriff der ganzen Hauptverhandlung zu schöpfen hat, bei der Entscheidung nicht berücksichtigt ist. Eine Ausnahme von der Notwendigkeit erneuter Beratung kann mit der bisherigen Rechtsprechung nur in den Fällen anerkannt werden, in denen der nach der ersten Beratung liegende Teil der Hauptverhandlung nur solche Vorgänge umfaßt, die ihrer Art nach ungeeignet sind, die Entscheidung des Gerichts zu beeinflussen. Ein solcher Fall liegt etwa dann vor, wenn dem Angeklagten das letzte Wort gewährt wird, dieser aber keine Erklärungen abgibt, oder wenn ein nach § 265 StPO. erforderlicher Hinweis erfolgt und die Prozeßbeteiligten nur erklären, daß sie bei ihren bisherigen Ausführungen und Anträgen verbleiben. Das gilt jedoch nicht von dem Schlußwort eines Angeklagten, wenn es — wie im vorliegenden Falle — die Erklärung enthält, daß er die Tat bereue und um eine milde Strafe bitte. Denn es handelt sich dabei um eine Äußerung, die immerhin anzeigen kann, wie der Angeklagte innerlich zu seiner Tat steht und die darum für die Beurteilung, vor allem für die Höhe der Strafe, von Bedeutung sein kann. Nur für den Fall, daß der Angeklagte Erklärungen desselben Inhalts schon im Laufe der Verhandlung abgegeben hat und diese bei der Beratung mit berücksichtigt worden sind, das Schlußwort des Angeklagten also sachlich nichts Neues enthält und den Grundlagen des schon beratenen Urteils nichts Neues hinzufügt, könnte an sich von einer erneuten Beratung abgesehen werden. Ob aber eine solche Erklärung im Hinblick auf das bisherige Beratungsergebnis ohne selbständigen Wert und ohne Bedeutung ist, kann doch nur durch erneute Verständigung unter den mitwirkenden Richtern geklärt werden. Für diese an sich unerläßliche erneute Verständigung ist — wie schon hervorgehoben — keine besondere Form vorgeschrieben. Der

Senat hält es jedoch in Übereinstimmung mit dem Reichsgericht (RGSt. Bd. 42 S. 85, 87) für unerläßlich, daß das erneute Einverständnis in äußerlich erkennbarer Weise herbeigeführt wird. Denn nur dann besteht die Gewähr, daß die vom Gesetz für notwendig erachtete und geforderte Verständigung auch wirklich herbeigeführt ist. Nur dann bleibt auch dem Schlußwort des Angeklagten die Bedeutung gesichert, die ihm das Verfahrensrecht beilegt. Es muß deshalb jedes Verfahren beanstandet werden, daß auch nur den Anschein erweckt, als komme es auf den Inhalt des Schlußworts eines Angeklagten nicht an.

Diese Erkennbarkeit ist im vorliegenden Falle, wie die Revision mit Recht rügt, nicht gewahrt. Aus dem Umstande, daß der Berichterstatter auf Anordnung des Vorsitzenden die Urteilsformel verlas, könnte allenfalls entnommen werden, daß zwischen ihnen beiden in äußerlich erkennbarer Weise ein Einvernehmen dahin zustande gekommen sei, daß die Schlußworte der Angeklagten nichts Neues erbracht und daher an dem Beratungsergebnis nichts geändert hätten. Nach dem Vortrag der Revision und den dienstlichen Erklärungen der Richter muß jedoch davon ausgegangen werden, daß jedenfalls der andere Beisitzer sein Einverständnis nur dadurch zum Ausdruck gebracht hat, daß er gegen das Verfahren des Vorsitzenden keine Einwendungen erhob. Das mag unter Umständen für die Mitglieder des Gerichts, vor allem wenn sie längere Zeit zusammengearbeitet und sich dadurch näher kennengelernt haben, noch ein genügender Ausdruck des Einverständnisses sein. Dem Erfordernis der Erkennbarkeit nach außen wird dadurch aber nicht genügt. Das Verfahren der Strafkammer hat deshalb die §§ 258 Abs. 3, 260 Abs. 1, 261 StPO. verletzt.

Der Verfahrensfehler bildet jedoch keinen absoluten Revisionsgrund im Sinne des § 338 StPO. Es geht insbesondere nicht an, in der Art, wie das Urteil verkündet wurde, eine Ausschaltung der Beisitzer oder wenigstens des zweiten Beisitzers zu erblicken und darin eine unvorschriftsmäßige Besetzung des Gerichts (§ 338 Ziffer 1 StPO.) zu sehen. Die Rechtsprechung hat zwar anerkannt, daß ein Fall des § 338 Ziffer 1 StPO. auch dann vorliegen kann, wenn die gesetzlich vorgesehenen Richter in der vom Gesetz vorgeschriebenen Zahl körperlich anwesend sind. Es handelt sich jedoch dann immer darum, daß ein zur Mitwirkung an sich ordnungsmäßig berufener Richter aus irgendwelchen Gründen, etwa wegen Bewußtseinsstörung, Krankheit oder Übermüdung nicht in der Lage ist, der Verhandlung mit Verständnis zu folgen. Der Fall der unvorschriftsmäßigen Besetzung liegt jedoch nicht vor, wenn — wie hier — die nach dem Gesetz zur Mitwirkung berufenen Richter körperlich und geistig anwesend sind, jedoch nicht sämtlich in der verfahrensrechtlich vorgesehenen Weise t ä t i g werden.

Ebensowenig liegt in dem Verfahren des Gerichts eine unzulässige Beschränkung der Verteidigung (§ 338 Ziffer 8 StPO.). Diese Vorschrift greift schon deshalb nicht ein, weil ausweislich der Sitzungsniederschrift kein Gerichtsbeschluß ergangen ist, der über eine gegen die Sachleitung des Vorsitzenden gerichtete Beanstandung entschieden hätte (§ 238 Abs. 2 StPO.).

Der Verfahrensfehler, der in der Unterlassung einer erneuten äußerlich erkennbaren Beratung und Abstimmung nach dem Schlußwort der Beschwerdeführer liegt, kann den Bestand des Urteils daher nur gefährden, wenn und soweit es auf ihm b e r u h t (§ 337 StPO.). Das ist hier zu verneinen. Die Schlußworte der Beschwerdeführer, die allein zwischen der Beratung und der Urteilsverkündung lagen, beschränkten sich auf die kurze Bemerkung, daß sie ihre Tat bereuten und um ein mildes Urteil bäten. Sie wurden nach einer viertägigen Verhandlung abgegeben, in der ein weitschichtiger und ziemlich verwickelter Sachverhalt zu klären war. Diese Klärung erfolgte, wie das umfängliche Urteil erkennen läßt, zu einem großen Teil auf der Grundlage der eigenen Angaben der Angeklagten, die sie teils im Ermittlungsverfahren, teils in der Hauptverhandlung gemacht hatten. Dabei ergab sich vielfach die Gelegenheit und die Notwendigkeit, zu erörtern, wie die Angeklagten innerlich zu der Tat stünden. Das angefochtene Urteil läßt erkennen, daß das Gericht auf die Aufklärung dieser inneren Haltung der Beschwerdeführer und ihrer Beziehung zur Tat besondere Sorgfalt verwendet hat. Nach den dienstlichen Erklärungen der Mitglieder der erkennenden Strafkammer, vor allem des Berichterstatters, hatten die Beschwerdeführer im Laufe der

Hauptverhandlung wiederholt Erklärungen derselben Art abgegeben, wie sie ihr Schlußwort enthielt. Es brachte also sachlich nichts Neues. Auch die Revision bringt nichts Gegenteiliges vor. Die formelhaften Erklärungen der Beschwerdeführer im Schlußwort waren also tatsächlich ohne jedes selbständige Gewicht und konnten darum die Entscheidung nicht beeinflussen. Die Vermeidung des Verfahrensfehlers, der nur in dem Mangel einer äußerlich erkennbaren Verständigung aller mitwirkenden Richter liegt, hätte im vorliegenden Falle also mit Sicherheit zu demselben Ergebnis geführt. Das ergibt sich aus dem mangelnden sachlichen Gewicht der Schlußworte wie aus der Tatsache, daß keiner der mitwirkenden Richter, wie ihre dienstlichen Erklärungen ergeben, auf den Gedanken gekommen ist und auch nicht zu kommen brauchte, in den Schlußworten Erklärungen zu erblicken, die das bei der Beratung zugrunde gelegte Verhandlungsergebnis veränderten oder ergänzten. Da nach allem jede Möglichkeit auszuschließen ist, daß der Verfahrensfehler auf die Entscheidung des Gerichts von Einfluß gewesen ist, muß der Verfahrensrüge im Ergebnis der Erfolg versagt bleiben ...

Entgegen der Ansicht der Revision ist es ohne Einfluß auf die Entscheidung des Senats, daß das Gesetz zur Vereinfachung des Wirtschaftsstrafrechts vom 26. Juli 1949, das in § 102 u. a. auch § 1 KWVO. und die VRStrVO. aufhebt, am 1. Oktober 1949 in Kraft getreten ist. Das Revisionsgericht hat nach § 337 StPO. nur nachzuprüfen, ob der Tatrichter das zur Zeit *seiner* Entscheidung geltende Recht richtig angewendet hat. In Übereinstimmung mit der Rechtsansicht des Reichsgerichts hat der OGH. daraus die Folgerung abgeleitet, daß das Revisionsgericht spätere Rechtsänderungen grundsätzlich nicht berücksichtigen darf (vgl. OGHSt. Bd. 2 S. 187, 191). Eine Ausnahme gilt nur dann, wenn das Gesetz selbst die Berücksichtigung einer Gesetzesänderung noch im Revisionsverfahren vorschreibt. Eine solche Ausnahme kann ausdrücklich ausgesprochen sein, kann sich aber auch im Wege der Auslegung aus den gesetzgeberischen Gründen, auf denen die Rechtsänderung beruht und aus den mit ihr verfolgten Zwecken und Zielen ergeben. Dem Wirtschaftsstrafgesetz vom 26. Juli 1949 ist aber die Anordnung einer solchen Ausnahme nicht zu entnehmen. Sie ist insbesondere nicht daraus herzuleiten, daß § 104 Abs. 3 a.a.O. den Begriff der Verfolgung verwendet. Es fehlt an jedem Anhaltspunkt dafür, daß mit diesem Ausdruck auch das Verfahren vor dem Revisionsgericht gemeint ist. Einer solchen Annahme steht schon der Umstand entgegen, daß das Wirtschaftsstrafgesetz vom 26. Juli 1949 in § 105 den Zeitpunkt seines Inkrafttretens auf den 1. Okt. 1949 festgelegt hat. Damit ist deutlich zum Ausdruck gebracht, daß der Tatrichter bis zu diesem Zeitpunkt, also für einen nicht unbeträchtlichen Zeitraum nach der Verkündung des Gesetzes, noch das bisherige Wirtschaftsstrafrecht anwenden solle. Mit dieser Anordnung wäre die Durchbrechung des Grundsatzes, daß das Revisionsgericht nur die richtige Rechtsanwendung durch den Tatrichter nachzuprüfen hat, nicht in Einklang zu bringen. Der das Revisionsverfahren sonst beherrschende Grundsatz kann vielmehr nur verlassen werden, wenn es sich um eine wichtige, auf einem Wandel der Rechtsanschauung beruhende Rechtsänderung handelt und der Gesetzgeber aus diesem Grunde will, daß sie sofort und in allen noch nicht rechtskräftig entschiedenen Fällen Platz greife. Diese Voraussetzungen liegen beim Wirtschaftsstrafgesetz vom 26. Juli 1949 nicht vor.

3. Die Feststellungen des angefochtenen Urteils zum Verhalten des Angeklagten D. enthalten auch alle Merkmale des Betruges. D. war, wie der Zusammenhang der Urteilsgründe ergibt, an sich bereit und in der Lage, im Einklang mit den getroffenen Abreden an P. als Kaufpreis für die abgenommene Butter außer den sonst entrichteten Beträgen weitere 100 000 RM zu zahlen, erklärte ihm jedoch, daß er für einen seiner Abnehmer beim Absatz der Butter ein „Lösegeld" von 100 000 RM aufbringen müsse. Er erbat P.s Einverständnis zur Zahlung dieser Summe unter entsprechender Kürzung des Betrages, den er an P. abzuführen hatte. Allerdings war D. durch seinen Abnehmer ebenfalls getäuscht worden. Dieser hatte D. wahrheitswidrig angegeben, er müsse ein „Lösegeld" von 50 000 RM aufbringen. D. glaubte ihm das auch, war unter der Voraussetzung, daß seine eigene Schuld an P. um diesen Betrag gekürzt würde, zur Zahlung dieser Summe bereit, benutzte jedoch die Gelegenheit, sich selbst einen Vorteil von 50 000 RM zu verschaffen und

nannte deshalb P. gegenüber als „Lösegeld" den Betrag von 100 000 RM, obwohl er von Anfang an entschlossen war, nur 50 000 RM seinem Abnehmer zu übergeben. P. glaubte auch den bewußt falschen Angaben D.s und erklärte sich damit einverstanden, daß D. einen um 100 000 RM geringeren Betrag zahle, als ihren Abrechnungen entsprach. Den Unterschiedsbetrag von 50 000 RM behielt D. für sich.

In dieser durch bewußte Täuschung herbeigeführten Verzichterklärung P.s liegt eine sein Vermögen schädigende Verfügung. Seit der Entscheidung der Vereinigten Strafsenate vom 14. Dezember 1910 (RGSt. Bd. 44 S. 230) ist in der Rechtsprechung anerkannt, daß es kein gegen Betrug ungeschütztes Vermögen gibt. Auch Werte, die jemand widerrechtlich besitzt, gehören zu seinem Vermögen. In der Rechtsprechung hat sich diese wirtschaftliche Vermögensauffassung bisher aber nur durchgesetzt, soweit es sich um Sachwerte handelte. Bezieht sich jedoch die Verfügung des Getäuschten auf einen Anspruch, so hat das Reichsgericht die Möglichkeit eines Betruges immer nur bejaht, wenn der Anspruch rechtlichen Bestand hatte (RGSt. Bd. 65 S. 99). Diese Auffassung ist im Schrifttum mit guten Gründen bekämpft worden (vgl. die Anmerkung Grünhuts zu der angeführten Entscheidung in JW. 1932 S. 2434). In der Tat ist nicht einzusehen, weshalb im Bereich der Sachwerte die wirtschaftliche Vermögensauffassung gelten soll, im Bereich der Ansprüche es aber darauf ankommen soll, ob sie rechtlichen Bestand haben. Einen wirtschaftlichen Wert hat auch ein rechtlich nicht bestehender „Anspruch", mit dessen Erfüllung jedoch, wie hier, dennoch gerechnet werden kann. Es ist kein Grund ersichtlich, weshalb ein solcher Wert nicht Gegenstand des Betruges sein könnte. Auch bei rechtlich anerkannten Ansprüchen ist die Klage im Zivilprozeß oft nur ein Weg zu ihrer Durchsetzung. Oft sind Zahlungsfähigkeit, Zahlungswilligkeit und gesellschaftliche Bindungen des Schuldners entscheidend. Diese Umstände können auch „Ansprüchen", die an sich keinen rechtlichen Bestand haben, einen beträchtlichen wirtschaftlichen Wert verleihen. Es kann mithin im vorliegenden Falle nur darauf ankommen, ob P., wenn er die Täuschung durch D. durchschaut hätte, auf die Zahlung der 100 000 DM nicht verzichtet, sondern geeignete Schritte unternommen hätte, diesen Betrag zu erlangen und wirklich diese Summe erhalten hätte, obwohl sie ihm von Rechts wegen nicht zustand, weil die Forderung aus einem Schwarzmarktgeschäft herrührte. Das ist nach den Urteilsfeststellungen zu bejahen. Denn die Forderung wurde von beiden Teilen als zu Recht bestehend behandelt. Der Angeklagte D. war zahlungsfähig und offensichtlich nicht gesonnen, sich dem Rufe auszusetzen, eine aus einem Schwarzmarktgeschäft herrührende Forderung nicht bezahlt zu haben. Daß die Täuschung nur zur Kürzung einer rechtlich nicht anerkannten, aber als bestehend behandelten Forderung führte und nicht zur Hingabe von Geld, das der Geschädigte von Rechts wegen vielleicht auch nicht im Besitz haben durfte, kann deshalb nichts ausmachen und ist im vorliegenden Falle nur auf den Zufall zurückzuführen, daß die Täuschung in einem Zeitpunkt erfolgte, in dem der Beschwerdeführer und der Getäuschte ihre Geschäfte noch nicht vollständig abgewickelt hatten. Der Beschwerdeführer D. selbst war von seinem Abnehmer erst getäuscht worden, als er von diesem die rechtlich nicht bestehende Forderung schon bezahlt erhalten hatte. Bei ihm führte die Täuschung daher zur Hingabe von 50 000 RM. Das wirtschaftliche Ergebnis ist aber in beiden Fällen das gleiche. Die Strafkammer hat deshalb im Ergebnis zu Recht in dem Verzicht P.s auf einen Teil seiner Schwarzmarktpreisforderung eine Vermögensschädigung erblickt. . . .

---

38. 1. Zur Revisibilität der Strafzumessung.

2. Der einer Nachprüfung durch das Revisionsgericht zugängliche Rechtsfehler bei der Strafzumessung kann darin bestehen, daß die ihr zugrundeliegenden Tatsachen unter Verletzung verfahrensrechtlicher Grundsätze festgestellt oder widerspruchsvoll sind, oder daß die Strafzumessung auf Erwägungen beruht, die gegen die Rechtsidee und allgemein anerkannte Grundsätze staatlichen Strafens oder solche Grundsätze verstoßen, die aus dem verletzten Strafgesetz herzuleiten sind.

3. Auch zugunsten des Angeklagten begangene Rechtsfehler unterliegen insoweit der Nachprüfung durch das Revisionsgericht.

KRG. 10 Art. II 1c; StPO. §§ 267 Abs. 3, 337.

Strafsenat. Urt. v. 25. Juli 1949 g. R. StS 193/49.

I. Schwurgericht Lübeck.

Aus den Gründen:

Der Angeklagte ist als politischer Denunziant wegen Verbrechens gegen die Menschlichkeit (KRG. 10 II 1c) verurteilt. Die Revision der StA. ist auf das Strafmaß beschränkt. Sie macht geltend, die Strafzumessungsgründe ständen teilweise in Widerspruch zu den sonstigen tatsächlichen Feststellungen des Urteils. Außerdem habe das Gericht durch unrichtige Bewertung von Strafschärfungs- und Strafmilderungsgründen sein rechtlich gebundenes Ermessen beim Strafausspruch verletzt und eine dem Unrechtsgehalt der Tat nicht entsprechende Strafe verhängt.

Das Rechtsmittel ist jedoch nicht begründet.

Der Senat hat zwar in der Entscheidung OGHSt. Bd. 1 S. 119 anerkannt, daß auch die Strafzumessung der Nachprüfung durch das Revisionsgericht zugänglich ist. Der das Revisionsverfahren beherrschende Grundsatz des § 337 StPO., nach dem die Revision nur darauf gestützt werden kann, daß das Urteil auf einer Verletzung des Gesetzes beruhe, bedeutet jedoch, daß auch die Nachprüfung des Strafausspruches darauf beschränkt ist, ob dem Tatrichter bei der Strafzumessung ein Rechtsfehler unterlaufen ist. Soweit das dem Tatrichter bei der Strafzumessung eingeräumte Ermessen durch Rechtssätze bestimmt oder umgrenzt ist, kann also das Revisionsgericht prüfen, ob diese rechtlichen Schranken beachtet sind. Innerhalb dieses so abgegrenzten Bereichs ist dem Revisionsgericht jedoch jeder Eingriff in das tatrichterliche Ermessen verwehrt. Dazu würden bei der Eigenart des Revisionsverfahrens auch alle ausreichenden sachlichen Voraussetzungen fehlen. Wie bei der Schuldfrage kann auch bei der Straffestsetzung der Rechtsfehler darin bestehen, daß der Tatrichter dabei von einem verfahrensrechtlich nicht einwandfrei geklärten Sachverhalt ausgegangen ist. Er kann aber auch in einer rechtsirrtümlichen Würdigung der vom Tatrichter bei der Strafzumessung berücksichtigten Umstände liegen. In beiden Fällen handelt es sich um Gesetzesverletzungen im Sinne des § 337 StPO., die der Nachprüfung durch das Revisionsgericht zugänglich sind. Daran ändert auch der Umstand nichts, daß sie im engsten Zusammenhang mit einer dem Tatrichter vorbehaltenen Ermessensentscheidung stehen. Der Strafausspruch ist also rechtlich fehlerhaft, wenn sich — als Folge einer zulässigen und begründeten Verfahrensrüge —, herausstellt, daß die Tatsachen, die ihn tragen sollen, falsch festgestellt sind oder daß wesentliche Tatsachen übergangen sind, oder wenn sich, was auf die Sachbeschwerde hin zu beachten ist, Widersprüche finden, so daß insoweit einwandfreie Tatsachenunterlagen überhaupt entfallen und deshalb der Nachprüfung der auf ihnen beruhenden Erwägungen und Überlegungen die Grundlage entzogen ist. Der Rechtsfehler kann aber auch in den rechtlichen Erwägungen liegen. Das ist vor allem dann der Fall, wenn sich der Tatrichter im einzelnen von Überlegungen hat leiten lassen, die, gemessen an der Rechtsidee und anerkannten Grundsätzen staatlichen Strafens, als unzulässig bezeichnet werden müssen. Auch Grundsätze, die sich aus Besonderheiten des verletzten Strafgesetzes ergeben, können in Betracht kommen. Dabei kann es keinen Unterschied ausmachen, ob sich der Rechtsirrtum zugunsten oder zu Lasten des Angeklagten auswirkt. Auch der zugunsten des Angeklagten begangene Rechtsfehler muß auf die Revision der Staatsanwaltschaft hin zur Aufhebung des Urteils im Strafausspruch führen.

Bei den von der Revision im vorliegenden Falle gegen die Strafzumessung gerichteten Angriffen, daß die Strafzumessungstatsachen widerspruchsvoll und die vom Schwurgericht angeführten Milderungsgründe rechtlich unzulässig seien, handelt es sich also um ein der Nachprüfung durch das Revisionsgericht zugängliches Vorbringen. Sie ergibt jedoch, daß die gerügten Rechtsfehler nicht vorliegen. Ein Widerspruch zwischen den bei den Strafzumessungsgründen angeführten Tatsachen und den sonstigen tatsächlichen Feststellungen ist nicht ersichtlich. Zwar erwähnt das Urteil in den Strafzumessungsgründen von den Tatfolgen zunächst nur die Freiheitsentziehung, die die Opfer der Anzeigen erlitten hatten und bezeichnete sie, worauf noch einzugehen ist, als „verhältnismäßig glimpflich". Damit hat das Schwurgericht aber, wie der Zusammenhang ergibt, nicht etwa zum Ausdruck bringen wollen, daß es auf die übrigen, vorher festgestellten Anzeigefolgen (schwere seelische Belastungen infolge der Sorge um das künftige Schicksal, teilweise noch heute andauernde erhebliche körperliche Schädigung) bei der Strafzumessung nicht ankomme. Denn es erwähnt selbst auch in den Strafzumessungsgründen kurz darauf die große Lebensgefahr, der sich die Angezeigten ausgesetzt sahen. Daß von allen die Straftat kennzeichnenden Umständen bei der Strafzumessung nur die bedeutsamsten in die Erinnerung gerufen werden, entspricht im übrigen nicht nur allgemeiner Übung, sondern auch der Vorschrift des § 267 Abs. 3 S. 1 StPO., der von den bestimmenden Zumessungsgründen spricht und damit zum Ausdruck bringt, daß eine schlechthin erschöpfende Aufzählung der Strafzumessungsgründe nicht gefordert werden kann. Damit trägt das Gesetz dem Umstand Rechnung, daß die Strafzumessungsgründe überhaupt oft nur teilweise einer gedanklichen Fassung zugänglich sind . . . (wird weiter ausgeführt).

Zu Unrecht beanstandet die Revision auch, daß das Schwurgericht dem Angeklagten zugute gehalten habe, er habe möglicherweise bei seinem Vorhaben stark unter dem Eindruck der amtlichen Propaganda gehandelt. Ihr ist zwar zuzugeben, daß sich hinter der beanstandeten Wendung eine rechtlich fehlerhafte Bewertung von Tatumständen verbergen kann. Das ist, worauf der Senat schon in der Entscheidung OGHSt. Bd. 1 S. 1 (6) hingewiesen hat, vor allem dann der Fall, wenn die propagandistische Beinflussung einseitig und ausschließlich unter dem Gesichtspunkt gewürdigt wird, ob sie etwa den sittlichen und rechtlichen Vorwurf, der den Täter trifft, in einem milderen Lichte erscheinen, aber unbeachtet läßt, daß gerade der Verhetzte oft der besonders gefährliche Täter ist. Die Gerechtigkeit gebietet, daß alle möglichen Wirkungen propagandistischer Beeinflussung berücksichtigt werden. Nur unter dieser Voraussetzung ist es rechtlich nicht zu beanstanden, wenn der Tatrichter einmal in starken äußeren Einflüssen einen Umstand findet, der den den Täter treffenden Vorwurf mindert und der darum insoweit als Strafmilderungsgrund berücksichtigt werden darf. Denn die Erfahrung lehrt, daß die Fähigkeit der Menschen, massenpsychologischen Einflüssen zum Schlechten Widerstand zu leisten, ganz verschieden ist. Diese Tatsache zu leugnen und ihr grundsätzlich keinen Einfluß auf die Strafzumessung einzuräumen, würde den tatsächlichen Lebensverhältnissen nicht gerecht werden. Der OGH. hat auch bereits in OGHSt. Bd. 2 S. 69, 70 anerkannt, daß sich aus der unterschiedlichen Empfänglichkeit gegenüber massenpsychologischen Einflüssen, soweit es sich nicht um die Urheber nationalsozialistischer Massenverbrechen, sondern um Mitläufer handelt, auch Unterschiede in der Schwere der persönlichen Schuld ergeben können, die auch auf die Strafzumessung Einfluß zu gewinnen vermögen, weil die Strafe in erster Linie dem Grade der persönlichen Schuld des Täters zu entsprechen hat. Es ist kein Grund ersichtlich, weshalb dieser Gedanke, der sonst allgemein bei der Strafzumessung beachtet werden darf, beim Verbrechen gegen die Menschlichkeit nicht berücksichtigt werden dürfte. Erforderlich ist nur, daß es — wie schon hervorgehoben —, im Rahmen der anderen Zwecke geschieht, die das KRG. 10 verfolgt. Der Tatrichter darf deshalb vor allem nicht außer acht lassen und muß bei der Strafzumessung mitberücksichtigen, daß Art. II 1c KRG. 10 gerade diejenigen Täter treffen will, die das menschliche Gefühl und die Achtung vor dem Wert und der Würde der Mitmenschen bewußt ihrer politischen Überzeugung geopfert haben, und daß vom Standpunkt der Gefährlichkeit für die Umwelt oft kein Unterschied besteht, ob der Täter blindlings äußeren Einflüssen folgt oder sich nur vom eigenen bösen Willen leiten läßt, ja daß er oft gerade dann besonders gefährlich ist, wenn er sich hemmungslos und kritiklos äußeren Einflüssen zum Schlechten hingibt. Daß das Schwurgericht im vorliegenden Falle diese notwendige Einschränkung übersehen hätte, kann dem angefochtenen

Urteil jedoch nicht entnommen werden. . . . (Wird ausgeführt).

Der Generalstaatsanwalt hatte beantragt, das angefochtene Urteil im Strafausspruch aufzuheben und die Sache insoweit an die Vorinstanz zurückzuverweisen.

---

39. Zur Entscheidung über den Antrag der Verteidigung, den Angeklagten zusätzlich klinisch auf seine Verantwortlichkeit zu untersuchen, obwohl der ärztliche Sachverständige einen Antrag nach § 81 StPO. als sachlich unnötig ablehnt.

StPO. §§ 81, 245 Abs. 5, 250.

Strafsenat. Urt. v. 18. Oktober 1949 g. Ehel. M. StS 63/49.

I. Schwurgericht Verden (Aller).

Aus den Gründen:

Auch die Revision der Ehefrau M. kann keinen Erfolg haben. Verfahrensrechlich rügt sie, über ihren Beweisantrag, sie psychiatrisch auf ihre Verantwortlichkeit und ihre Überlegungs- und Entschlußfähigkeit zur Tatzeit klinisch untersuchen zu lassen, sei unzulässigerweise erst im Urteil entschieden. Das trifft zwar zu, vermag die Revision aber nicht zu stützen. Dieser Antrag der Verteidigung betraf den Geisteszustand der Angeklagten, den der Amtsarzt als Sachverständiger in der Hauptverhandlung bereits begutachtet hatte. Er erstrebte daneben noch die klinische Untersuchung und Begutachtung der Angeklagten, zu der der bisherige Gutachter selbst nicht in der Lage war. Der Antrag der Verteidigung richtete sich daher, ohne daß dies besonders gesagt war, auf die Hinzuziehung eines zweiten Sachverständigen; er war also ein Beweisantrag, über den das Schwurgericht durch begründeten Beschluß in der Hauptverhandlung (§ 245 Abs. 5 StPO.) zu entscheiden hatte. Das ist zwar nicht geschehen. Das angefochtene Urteil beruht aber nicht auf diesem Verfahrensverstoß. Denn ein ablehnender und mit Gründen versehener Beschluß in der Hauptverhandlung hätte die Verteidigung nicht, wie sonst bei Beweisanträgen, in den Stand gesetzt, andere sachdienliche Beweisanträge zur Wahrung der Rechte der Angeklagten zu stellen, über die das Gericht dann wiederum nach Maßgabe des § 245 Abs. 5 StPO. hätte entscheiden müssen. Es liegt daher insofern anders als bei echten Beweisanträgen, die nicht lediglich die Zuziehung eines zweiten Sachverständigen zwecks klinischer Untersuchung bezwecken; daher läßt sich nicht sagen, daß das angefochtene Urteil auf einer Verletzung des § 245 Abs. 5 StPO. beruhe. Auch sonst ist insoweit kein Verfahrensfehler erkennbar. Insbesondere die Pflicht zur Amtsaufklärung (§ 245 Abs. 1 StPO.) ist nicht verletzt. Das Gericht hat die von der Verteidigung erhobenen Einwände gegen die Zurechnungsfähigkeit der Angeklagten mit dem Sachverständigen in der Hauptverhandlung erörtert, insbesondere auch die Frage der etwaigen Anstaltsbeobachtung. Der Sachverständige hat deren Notwendigkeit mangels ersichtlichen Anlasses verneint und erklärt, die Angeklagte sei in keiner Weise psychisch auffällig. Ein zweiter ärztlicher Sachverständiger hat auf Befragen erklärt, nach seinen eigenen Beobachtungen in der Hauptverhandlung zweifle er das Gutachten seines Kollegen nicht an. Das Gericht hat sich dieser ärztlichen Beurteilung der Angeklagten angeschlossen. Ein Ermessensfehler liegt hierin nicht. Die gegenteilige Ansicht der Revision stützt sich teilweise auf Annahmen, die mit den Urteilsfeststellungen unvereinbar sind, zum anderen auf die Überzeugung des Verteidigers von der Unschuld der Angeklagten und deren psychischer Beeinträchtigung durch das Stillen. Beides vermag aber nicht darzutun, daß das angegriffene Urteil oder das Verfahren, auf dem es beruht, rechtlich fehlerhaft wäre.

Dasselbe gilt im Ergebnis für die Bedenken der Revision gegen die Glaubwürdigkeit der Schwester des Angeklagten, Marie M. Deren frühere Krankenakten sind ausweislich der Sitzungsniederschrift in der Hauptverhandlung nicht als Beweismittel verwertet, sondern lediglich ein Fürsorgebericht der R.er Anstalt der Inneren Mission über die Zeugin aus dem Jahre 1937. Dessen Verlesung in der Hauptverhandlung haben zwar alle Prozeßbeteiligten zugestimmt. Dennoch verstieß sie, da sie die Bekundungen des Berichtverfassers über eigene Wahrnehmungen ersetzte, gegen § 250 StPO. Das Urteil beruht aber nicht auf diesem Verstoß. Die geistige Erkrankung der Zeugin Marie M. liegt 13 Jahre zurück. Der verlesene

Bericht vom Jahre 1937 besagt nur, daß sie, ein Jahr später, den Haushalt auf dem Hofe führe und nichts Krankhaftes erkennen lasse. Unter diesen Umständen ist nicht ersichtlich, wie die Verlesung des Berichts den unmittelbaren Eindruck des Gerichts in der Hauptverhandlung von der Zeugin hätte beeinflussen und sie als mehr oder weniger glaubwürdig hätte erscheinen lassen können. Ob das Gericht der Zeugin im übrigen unter den auf Grund der übrigen Beweismittel festgestellten Tatumständen glauben wollte, stand in seinem Ermessen. Dieses Ermessen ist nicht erkennbar verletzt. . . .

---

40. 1. Zum äußeren Tatbestand der Bauwerkszerstörung: Ganzzerstörung, Teilzerstörung, versuchte Zerstörung. Auch ein beschädigtes Bauwerk kann zerstört werden; mehrfache Zerstörung hintereinander am gleichen Bauwerk ist möglich. Mittäterschaft und Beihilfe an einer in Gang befindlichen Zerstörung sind solange möglich, bis nur mehr eine nicht wiederherstellbare Ruine vorhanden ist.

2. Zum äußeren Tatbestand des Landfriedensbruchs:

a) Der Landfriede kann auch im Zusammenwirken mit den Trägern der staatlichen Macht gestört werden; ungeregeltes, tumultförmiges Auftreten ist nicht erforderlich. Daß die Polizei die Friedenstörung beseitigen könnte, ist belanglos.

b) Eine öffentlich zusammengerottete Menschenmenge kann auch dann vorhanden sein, wenn die Teilnehmer gattungsmäßig bestimmt waren (z. B. SA-Männer in Uniform). Erforderlich ist, daß eine Personenmehrheit eine räumliche Einheit bildet; ob bei Aufteilung in Gruppen die räumliche Einheit unter diesen erhalten bleibt, ist Tatfrage.

c) Täter ist nur, wer an der Zusammenrottung körperlich teilnimmt; Befehlserteiler, die örtlich fernbleiben, können nur Anstifter oder Gehilfen sein.

d) Über den Begriff der Gewalttätigkeiten gegen Sachen.

StGB. §§ 125, 305.

Strafsenat. Urt. v. 4. Oktober 1949 g. B. u. a. StS 56/49.

I. Schwurgericht Osnabrück.

Aus den Gründen:

Auf die Revision der Staatsanwaltschaft ist rechtlich zunächst zu beanstanden, daß die Prüfung unterblieben ist, ob tateinheitlich mit dem Verbrechen gegen die Menschlichkeit Mittäterschaft, Anstiftung oder Beihilfe an der Zerstörung eines Bauwerks gemäß § 305 StGB. vorliegt. Hierbei ist auf folgende Gesichtspunkte hinzuweisen:

Nach dem Gesetz ist diese Tat vollendet, wenn vorsätzlich und rechtswidrig ein fremdes Bauwerk ganz oder teilweise zerstört ist. Zerstören bedeutet hier wesentliche Beschädigung, so daß das Bauwerk für seinen Zweck für eine nicht unbeträchtliche Zeit völlig unbrauchbar wird (vergl. OGHSt. Bd. 1 S. 53). Teilweise Zerstörung liegt dann vor, wenn diese Wirkung für einen zwecknötigen Teil des Bauwerks oder hinsichtlich eines von mehreren Bauwerkszwecken eintritt. Geht der Vorsatz des Täters auf völlige oder teilweise Unbrauchbarmachung des Bauwerks, wird aber nicht mindestens teilweise Unbrauchbarkeit bewirkt, so liegt Versuch nach § 305 Abs. 2 vor.

In der Praxis ist mit Recht anerkannt, daß auch an noch unfertigen Bauwerken eine vollendete Tat nach § 305 begangen werden kann (RGSt. Bd. 30 S. 246). Folgerichtig muß umgekehrt die Möglichkeit bejaht werden, eine solche Tat an „nicht mehr fertigen", also beschädigten Bauwerken zu begehen. Voraussetzung ist nur, daß das Bauwerk einen Zweck verkörpert, und sei es auch nur den, fertiggestellt oder wiederhergestellt zu werden. Es ist also möglich, daß an dem gleichen Bauwerk hintereinander selbständige, vollendete Taten gemäß § 305 begangen werden.

Die vorstehende Darlegung betrifft den Fall, daß eine vorangegangene Störungsaktion abgeschlossen ist, wenn die neue beginnt. Ist die alte aber noch im Gange, so können neu hinzukommende Personen, deren Vorsatz darauf geht, daß die Zerstörung des Bauwerks vollendet werde, auch dann noch als Mittäter oder Gehilfen gemäß § 305 strafbar sein, wenn bei ihrem Hinzutritt nur noch eine nicht mehr wiederherstellbare Ruine vorhanden ist. Mittäterschaft und Beihilfe ist nicht nur solange denkbar, als der gesetzliche Tatbestand nicht voll erfüllt ist, sondern solange, als das tatbestandsmäßige Geschehen nicht abgeschlossen ist.

Die Begründung, mit der das Schwurgericht Landfriedensbruch verneint hat, ist rechtlich unzutreffend. Es hat offenbar das Bedenken, daß die Gewaltaktionen hier nicht dem Tatbilde entsprechen, das ein Landfriedensbruch vor 1933 gewöhnlich bot. Früher handelte es sich um die Bedrohung des durch die staatliche Ordnung geschützten Landfriedens, auch meist um ungeregeltes, oft tumultförmiges Auftreten einer Menschenmenge, nunmehr aber um Gewalttaten, die von den Trägern der staatlichen Macht selbst organisiert, von der Polizei befohlenermaßen geduldet und von zentral geleiteten Gruppen von Gewalttätern, möglicherweise ganz sachlich und äußerlich geordnet, ausgeführt wurden. Daß trotzdem hier Gewalttätigkeiten vorlagen, die den Landfrieden bedrohten, ja bereits teilweise aufhoben, ist dann selbstverständlich, wenn man zutreffenderweise diesen nicht schlechthin gleichsetzt mit den von den Trägern der staatlichen Macht befohlenen oder geduldeten Verhaltensweisen. Daß die Polizei, wenn sie ihre Pflicht getan hätte, die Gewalttätigkeiten hätte verhindern können, besagt — entgegen der Ansicht des Schwurgerichts — nichts gegen Bedrohung des Landfriedens. Alsdann kann auch, wenn die Personenmehrheit als eine organisierte und zentral geleitete Gruppe (vergl. RGSt. Bd. 60 S. 332) in äußerer Ordnung ihren Terrorauftrag ausführt, eine öffentlich zusammengerottete Menschenmenge im Sinne von § 125 StGB. gegeben sein . . .

Das Schwurgericht hätte auch Veranlassung gehabt, nachzuprüfen, ob nicht die Wirtschaft des Angeklagten Sch., die Synagoge und die verschiedenen jüdischen Geschäfte sämtlich oder teilweise räumlich so zueinander lagen, daß die SA-Ansammlungen an diesen Stellen örtlich und zeitlich als eine öffentlich zusammengerottete Menschenmenge in Betracht kamen. Zwar kommt für den Tatbestand des Landfriedensbruchs nur eine Personenmehrzahl in Frage, die räumlich eine Einheit bildet. Diese Einheit kann eng oder lose sein. Ob im vorliegenden Straffalle die verschiedenen SA-Gruppen noch eine solche räumliche Einheit darstellten, ist Tatfrage. Andererseits können nur solche Personen als Mittäter nach Abs. 1

oder 2 des § 125 StGB. strafbar sein, die an einer Zusammenrottung k ö r p e r l i c h teilgenommen haben. Befehlserteiler und Organisatoren, die dem Ort einer Zusammenrottung fernbleiben, können höchstens Anstifter oder Gehilfen sein (vergl. RGSt. Bd. 60 S. 331, RG. in LZ. 1922 S. 593).

Hinsichtlich der P l ü n d e r u n g der jüdischen Geschäfte in N. gilt folgendes. Nachts sind zunächst Gewalttätigkeiten gegen sie verübt worden, die den Angeklagten nach den bisherigen Tatfeststellungen nicht zur Last fallen. Sie wurden dann von Polizei, später von SA. bewacht. Am nächsten Tage sind sie von SA-Kommandos ausgeräumt und die weggenommenen Sachen später von der NSV. verwertet worden. Dieses Ausräumen und Sachenwegbringen f ü r s i c h a l l e i n ist nur dann Landfriedensbruch (§ 125 StGB.), wenn es wiederum von einer öffentlich zusammengerotteten Menschenmenge im bereits dargelegten Sinne verübt worden ist und Gewalttätigkeit gegen Sachen mit vereinten Kräften war, wenn nicht auch eine solche gegen Personen. Ob die einzelnen SA-Kommandos räumlich, zeitlich und hinsichtlich der etwaigen Beteiligung anderer eine Menschenmenge im erwähnten Sinne darstellten, ist Tatfrage und vom Schwurgericht noch zu prüfen. Daß Gewalttätigkeiten gegen S a c h e n vorliegen, unterliegt nach den bisherigen Tatfeststellungen schon jetzt keinem Zweifel. Zwar waren die Geschäftsräume bereits vorher mit Gewalt geöffnet. Ihr Inhalt lag aber dem Zugriff der SA. nur deshalb offen, weil die Berechtigten infolge der vorher durch andere gegen sie geübten und noch fortwirkenden Gewalt unfähig waren, ihre Habe zu schützen, ein Umstand, der nach dem Hergange offen zutage liegt und allen Plünderern klar gewesen sein muß. Wenn diese unter solchen Umständen in die Lage gesetzt waren, mehrere Geschäfte völlig auszuplündern, ohne auf Widerstand zu stoßen, so liegt darin nicht nur eine Gewalttätigkeit gegen Personen, nämlich die betroffenen Juden, sondern auch eine solche gegen Sachen, mag auch sonst der Regelfall der letzteren durch die Anwendung besonderer Hilfsmittel oder von Körperkraft gekennzeichnet sein. Diejenigen Täter, die sich am Wegbringen der Sachen beteiligt haben, haben unter diesen Umständen Sachen geplündert (§ 125 Abs. 2 StGB.).

---

41. 1. Äußerer und innerer Tatbestand der Monopolhinterziehung. Schwarzbrennen ist nur dann Monopolhinterziehung, wenn es mindestens auch auf die Herbeiführung eines unrechtmäßigen Vermögensvorteils abzielt. Über Bereicherungsabsicht beim Schwarzbrennen für den Hausbedarf in der Zeit vor der Währungsreform.

2. Bei fehlender Bereicherungsabsicht kann Schwarzbrennen schwere Monopolordnungswidrigkeit sein. Nach § 126 Abs. 1 Ziff. 1 BrMonG. ist jedes vorsätzliche Brennen außerhalb eines angemeldeten Betriebes, auch das nichtgewerbliche, strafbar.

3. Wertersatzstrafe ist bei schwerer Monopolordnungswidrigkeit nicht zulässig. Stattdessen ist der Branntweinaufschlag zu zahlen. Branntweinaufschlag entfällt, soweit Branntwein eingezogen oder Wertersatz geleistet wird.

4. Schwarzbrenngerät, bei dem die Voraussetzungen der Einziehung nach § 123 BrMonG. oder der Sicherstellung mit nachfolgender Überführung in Staatseigentum fehlen, kann nach § 40 StGB. eingezogen werden.

StGB. § 40; BrMonG. §§ 51b, 51c, 78, 79, 119—121, 123, 126, 128; RAbgO. § 401.

Strafsenat. Urt. v. 4. Oktober 1949 g. N. StS 35/48.

I. Landgericht Osnabrück.
II. Oberlandesgericht Oldenburg.

Aus den Gründen:

Der Angeklagte ist wegen fortgesetzter Monopolordnungswidrigkeit gemäß § 126 BrMonG. in Verbindung mit KRG. Nr. 27 Art. V Ziff. 2 zu 1200 RM Geldstrafe und 400 RM Wertersatz verurteilt; die beschlagnahmten Brenngeräte sind auf Grund von § 123 BrMonG. eingezogen.

Der Angeklagte hat im Winter 1946/47 mittels einer Brennvorrichtung, deren Eigentümer bisher nicht festgestellt ist, aus fünf bis sechs Zentnern Runkelrüben heimlich etwa 8 l Branntwein gewonnen, und zwar lediglich deswegen, weil er infolge seines Nierenleidens auf Schnaps angewiesen war und diesen auf gesetzlichem Wege nicht erhalten konnte. Es kam ihm nicht darauf an, dem Staat Monopolabgaben zu entziehen; er würde vielmehr die Selbstherstellung unterlassen und den für die Gesundheit nötigen Schnaps gekauft haben, wenn ihm das möglich gewesen wäre. Die Absicht, den Schnaps gewinnbringend zu verwerten, bestand nicht, wenn auch der Angeklagte einige Male einem Lieferanten einige Schnäpse eingeschenkt hat.

Auf Grund dessen hat die Strafkammer mangels Bereicherungsabsicht eine Monopolhinterziehung (§ 119 BrMonG.) verneint. Das Oberlandesgericht hat die Revision der Staatsanwaltschaft und des Hauptzollamts als Nebenkläger zur Entscheidung vorgelegt, weil es die Verneinung der Bereicherungsabsicht rechtlich für zutreffend hält, sich damit aber in Gegensatz stellt zu dem Urteil des OLG. Hamm Ss 233/47 vom 22. August 1947; dort ist Bereicherungsabsicht für einen Fall bejaht, in dem eine geringe Menge Weingeist lediglich für den Eigenverbrauch schwarz gebrannt worden war.

Nach § 119 BrMonG. in der Fassung vom 25. März 1939 (RGBl. I S. 604) begeht Monopolhinterziehung, wer in der Absicht, sich oder einen anderen unrechtmäßig zu bereichern, durch monopolfeindliches Verhalten Monopoleinnahmen verkürzt. Objektiv entsteht beim Schwarzbrennen diese Verkürzung gemäß § 121 Z. 1 und 2 dadurch, daß der verbotenerweise hergestellte Branntwein weder abgeliefert wird (§ 58 Abs. 1), noch der bei Nichtablieferung zu entrichtende Branntweinaufschlag in Höhe des festgesetzten regelmäßigen Verkaufspreises (§§ 78—80 in der Fassung vom 7. Dezember 1944, RGBl. I S. 336) entrichtet wird. Das tatbestandsmäßige monopolfeindliche Verhalten des Schwarzbrenners (§ 120 Z. 2) ist das Schwarzbrennen selbst, nicht aber auch die nachfolgende Unterlassung der Ablieferung und Zahlung an die Monopolbehörde. In der Tatsache des Schwarzbrennens liegt die nachfolgende Unterlassung bereits wesensmäßig eingeschlossen, so daß es künstlich wäre, bei dieser Unterlassung von einer Fortsetzung des monopolfeindlichen Verhaltens zu reden.

Es kommt also weiter darauf an, daß der innere Tatbestand beim Schwarzbrennen selbst gegeben ist. Es ist zunächst Vorsatz erforderlich, wenn auch die neuere Gesetzesfassung im Gegensatz zur älteren (RGBl. 1922 S. 405) und zu § 396 RAbgO. das Erfordernis des Vorsatzes nicht ausdrücklich hervorhebt: Hinterziehung ist ihrem Wesen nach Vorsatzdelikt. Der Vorsatz muß sowohl Monopolfeindlichkeit des Verhaltens als auch die dadurch entstehende Verkürzung umfassen. Bedingter Vorsatz genügt. Ein Schwarzbrenner muß mindestens mit der Möglichkeit rechnen und bejahendenfalls damit einverstanden sein, daß sein Verhalten der öffentlichen Hand Einnahmen verkürzt durch Verletzung von Vorschriften, die zur Einbringung dieser Einnahmen ergangen sind. Den Inhalt dieser Vorschriften im übrigen und die Art dieser Einnahmen braucht er nicht zu kennen. Dieser Mindestvorsatz ist zwar beim Schwarzbrenner unter normalen Verhältnissen in aller Regel gegeben, kann aber unter besonderen Umständen auch fehlen und muß deshalb festgestellt werden.

Weiter erfordert das Gesetz zum inneren Tatbestand die „Absicht, sich oder einen anderen unrechtmäßig zu bereichern". Das bedeutet, daß es dem Täter mindestens auch auf Bereicherung ankommen muß, Bereicherung also mindestens einer seiner Beweggründe ist. Bereicherung heißt Vermögensvorteil. Der frühere Gesetzestext aber lautete: „Wer zum eigenen Vorteil oder zum Vorteil eines anderen . . . vorsätzlich bewirkt, daß Einnahmen . . . verkürzt werden." Mithin ist im März 1939 der Tatbestand der Monopolhinterziehung dahin eingeengt worden, daß nunmehr die Absicht des Täters auf einen unrechtmäßigen Vermögensvorteil gerichtet sein muß. Es mag zutreffen, daß der Gesetzgeber damals glaubte, dies sei zwar eine genauere Fassung, nicht aber eine Einengung des Tatbestandes. Weil nämlich damals Brennereierzeugnisse für jedermann in beliebiger Menge und Art zu Normalpreisen frei käuflich waren, ging eine bei vorsätzlicher Einnahmeverkürzung vorhandene Vorteilsabsicht praktisch so gut wie immer mindestens auch auf Vermögensvorteil, und zwar selbst dann, wenn der Täter lediglich zum eigenen Verbrauch schwarzbrannte. Die Bereicherungsvorstellung hatte regelmäßig den Inhalt, daß Schwarzbrennen von Schnaps billiger sei als vorschriftsmäßiges Brennen oder Kaufen.

Im Frühjahr 1939 dachte noch niemand daran, daß eines Tages, hauptsächlich verursacht durch Rohstoffmangel und Währungsverhältnisse, geistige Getränke — außer für Bergleute — nur noch ungesetzlich zu beschaffen sein würden, entweder durch verbotenes Selbstbrennen oder durch verbotenen Kauf auf dem schwarzen Markt. Ein Landwirt, der zur Tatzeit aus eigenen Produkten „schwarz" Schnaps brannte, konnte dabei gar nicht aus der Vorstellung heraus handeln, selbstgebrannter Schnaps sei billiger als Monopolbranntwein; denn für diese in normalen Zeiten nächstliegende Bereicherungsvorstellung fehlte es an dem konkreten Beziehungspunkte deshalb, weil er den Monopolbranntwein eben nicht bekommen konnte. Trotzdem war ein Handeln aus Bereicherungsabsicht in verschiedener Weise denkbar:

1. Es war alsbaldige oder spätere gewinnbringende Verwertung nach Art der Schwarzmarktgeschäfte geplant. Diese Urteilsvorstellung schied allerdings dann als Beweggrund aus, wenn nur für den alsbaldigen Verbrauch im Hausbedarf gebrannt wurde. Es blieb dann

2. als Motiv die Vorstellung, daß Selbstbrennen billiger sei als Einkaufen zu Schwarzmarktpreisen. Aber auch dieser Beweggrund, meist schwer nachweisbar, kann leicht gefehlt haben, mag das nun in der mangelnden Gelegenheit oder in der nicht vorhandenen Neigung zum Schwarzeinkauf seinen Grund gehabt haben.

Weiter war zu prüfen, ob nicht ein Bereicherungsmotiv dessen, der nur zum alsbaldigen Selbstverbrauch schwarz gebrannt hat, in anderen Vorstellungen gefunden werden kann: a) in der Vorstellung, daß der Brennvorgang als Verarbeitung geringwertiger Produkte an sich eine Wertsteigerung des Vermögens darstellt. Diese Vorstellung kann der Schwarzbrenner zwar gehabt haben; zum Motiv seines Handelns kann sie aber deswegen nicht geworden sein, weil er nur zum alsbaldigen eigenen Verbrauch schwarz gebrannt hat; b) in der Vorstellung des Vermögensvorteils, der durch pflichtwidrige Nichtablieferung des Branntweins oder Nichtzahlung des Branntweinaufschlages an die Monopolverwaltung entsteht. Hierzu ist folgendes zu sagen. Es mag sein, daß ein Schwarzbrenner weiß, daß er bei Anzeige Strafe, Wegnahme der Brenngeräte und Brennerzeugnisse und, soweit letztere nicht mehr vorhanden sind, eine Nachforderung zu erwarten hat. Alles dies empfindet er dann beim Schwarzbrennen als Risiko, als Gefahr eines Vermögensschadens. Es geht aber nicht an, diese Vorstellung eines möglichen Vermögens s c h a d e n s in die eines möglichen Vermögens v o r t e i l s umzudeuten, indem man behauptet, der Täter empfinde statt der Schadensgefahr die Vorteilsmöglichkeit, die in der Vermeidung der Gefahr beschlossen liegt, als Motiv. In Wirklichkeit bedeutet die Erwägung der genannten Gefahren gar nichts für die Frage, ob der Schwarzbrenner mit Bereicherungsabsicht gehandelt hat oder nicht. Der Täter kann beim Handeln unter bewußter Übernahme der Gefahr einen Vermögensvorteil bedacht oder aber völlig außer Acht gelassen haben. So führt diese Erörterung auf die Erkenntnis zurück, daß die Bereicherungsabsicht nicht schon in dem Verkürzungsvorsatz enthalten ist, sondern zu ihm hinzukommen muß, unter normalen Verhältnissen in der Regel in der Weise, daß der Täter durch die Verkürzung der Monopoleinnahmen billiger an Schnaps zu kommen denkt . . .

Die Verneinung von Monopolhinterziehung kann mithin nicht mit Erfolg gerügt werden. § 126 BrMonG. kennzeichnet in Abs. 1 Z. 1 Branntweinherstellung „vor Anmeldung des Betriebes" als schwere Monopolordnungswidrigkeit. Damit ist jedes vorsätzliche Brennen außerhalb eines angemeldeten Betriebes im Bewußtsein der Vorschriftswidrigkeit zu verstehen, also auch ein nichtgewerbliches Brennen mit solchen Geräten und unter solchen Umständen, daß man nach allgemeinem Sprachgebrauch von einem „Betrieb" nicht sprechen könnte. Der Angeklagte hat mithin, da am inneren Tatbestand nicht zu zweifeln ist, fortgesetzt handelnd eine schwere Monopolordnungswidrigkeit begangen . . . Der Angeklagte ist rechtlich zutreffend aus § 126 Abs. 2 BrMonG. bestraft. Dabei ist berücksichtigt, daß zur Zeit der Tat und der Verurteilung nach KRG. 27 Art. V Z. 2 die Mindestgeldstrafe 800 RM betrug. Insoweit ist mithin die auch vom Generalstaatsanwalt beim Obersten Gerichtshof vertretene Revision unbegründet.

Die W e r t e r s a t z strafe aber war rechtlich unzulässig. Nach § 128 BrMonG. in Verbindung mit § 401 RAbgO. ist auf Wertersatz bei Monopol hinterziehung zu erkennen, nicht aber bei schwerer Monopol ordnungswidrigkeit. Durch den Wegfall dieser Nebenstrafe ist die Geldstrafe auch ihrer Höhe nach nicht betroffen. Denn nach Wegfall des Wertersatzes schuldet der Angeklagte der Zollstelle gemäß §§ 78, 79 Abs. 2 Ziffer 3 BrMonG. den regelmäßigen Verkaufspreis des schwarzgebrannten Branntweins als Branntweinaufschlag. Da der Branntweinaufschlag keinen Strafcharakter hat — er ist auch zu zahlen für Branntwein, der von der Ablieferungspflicht ausgenommen ist —, entfällt er umgekehrt dann, wenn nach § 123 Abs. 1 Z. 1 BrMonG. der Branntwein eingezogen oder Wertersatz geleistet wird. Die Wertersatzstrafe kann also ohne Einfluß auf den sonstigen Strafausspruch gestrichen werden.

Ferner durfte die Einziehung des Brenngeräts nicht auf § 123 BrMonG. gestützt werden. Das Gesetz hat unverkennbar die Absicht, erschöpfend zu bestimmen, wann Brenngerät dem Besitzer weggenommen werden muß oder darf, entweder im Aufsichtswege durch Sicherstellung und Überführung in Staatseigentum gemäß den §§ 51 b, 51c, 123 Abs. 2 Ziffer 2 oder sonst im Strafverfahren durch Einziehung. Indes zeigt der vorliegende Straffall, daß das Gesetz unbeabsichtigt eine Lücke gelassen hat. Voraussetzung für Überführung in Staatseigentum wäre es nämlich, daß entweder gewerbliches Brenngerät abgegeben worden wäre ohne schriftliche Anzeige bei der Finanzbehörde (§ 45 Abs. 2), oder daß nichtgewerbliches Brenngerät angeboten, angepriesen oder verkauft worden wäre (§ 46 Abs. 1 Z. 1). Daß solche Voraussetzungen vorlägen, ist bisher nicht festgestellt. Insbesondere unterliegt behelfsmäßiges Brenngerät, das von oder bei dem Schwarzbrenner hergestellt worden ist, nicht der Überführung in Staatseigentum. Alsdann ist die Einziehung nach § 123 Abs. 1 Z. 2, Abs. 3 und 4 vorgeschrieben oder möglich, wenn das Brenngerät zur Begehung oder Vorbereitung einer Monopol hinterziehung bestimmt war oder benutzt worden ist, auch wenn nicht auf Strafe erkannt werden kann, im übrigen aber die Voraussetzungen der Einziehung gegeben sind. Hiernach muß eine Monopol hinterziehung dem äußeren und inneren

Tatbestande nach begangen oder vorbereitet worden sein, mag auch ein Strafverfahren gegen einen bestimmten Täter nicht durchgeführt werden können. Im vorliegenden Straffalle fehlt ein Teil des inneren Tatbestandes der Monopolhinterziehung; für den Fall, daß bewußtes und gewolltes Schwarzbrennen mangels Bereicherungsabsicht nur eine schwere Monopolordnungswidrigkeit ist, hat das BrMonG. hinsichtlich der Einziehung des Geräts keine Regelung getroffen. Zur Ausfüllung dieser Lücke muß § 40 StGB. herangezogen werden.

Das Urteil der Strafkammer bedarf hinsichtlich der Einziehungsanordnung der Aufhebung und Zurückverweisung. Zunächst muß der Tatrichter noch feststellen, ob das Brenngerät dem Täter oder einem Teilnehmer gehört. Ist das der Fall, so entscheidet nach § 40 StGB. tatrichterliches Ermessen über die Einziehung. Insoweit entspricht das Urteil dem Antrage des Generalstaatsanwalts.

---

42. Es ist ein Rechtsfehler, bei Leugnen des Angeklagten schematisch die Anrechnung der Untersuchungshaft zu versagen.

§ 60 StGB.

Strafsenat. Urt. v. 10. Oktober 1949 g. St. StS 219/49.

I. Schwurgericht Osnabrück.

Aus den Gründen:

Mit Recht rügt die Revision des Angeklagten, daß ihm die Anrechnung der Untersuchungshaft versagt worden sei, weil er seine Schuld (am Raufhandel und an der Körperverletzung mit Todesfolge) geleugnet habe. Die Frage der Anrechnung oder Nichtanrechnung gemäß § 60 StGB. ist ein Bestandteil der Strafzumessung. Zuzumessen ist die Strafe nach dem Maß an Schuld des Täters für die Tat und nach der Gefährlichkeit des Täters. Das Verhalten des Täters nach der Tat, insbesondere im Strafprozeß, kann das in der Tat enthaltene rechtliche Schuldmaß nicht verändern, wohl aber für das Maß an Schuld und Gefährlichkeit kennzeichnend sein. Es ist also rechtlich nicht unzulässig, Gestehen oder Leugnen des Angeklagten dann für die Strafzumessung, also auch für die Frage der Haftanrechnung zu verwerten, wenn aus seinem Prozeßverhalten Schlüsse gezogen werden können auf die in der Tat enthaltene Schuld oder auf die Gefährlichkeit des Täters. Abgesehen hiervon aber ist es rechtlich unzulässig, den Leugnenden durch Nichtanrechnung zu bestrafen oder den Geständigen durch Anrechnung zu belohnen. Das widerstreitet der Prozeßordnung, die um der Wahrheitsfindung willen davon absieht, den Schuldigen zum Geständnis zu verpflichten oder sogar durch Androhung von Nachteilen zu veranlassen.

Das hat das Schwurgericht verkannt. Es hat zwar von einem „hartnäckigen Leugnen" des Angeklagten gesprochen. Aber dadurch, daß es dem früheren Mitangeklagten H. die Untersuchungshaft ausdrücklich nur „wegen seines Geständnisses" angerechnet hat, wird zweifelsfrei klar, daß hier die Nichtanrechnung als Folge eines bis zum Ende der Hauptverhandlung durchgeführten Leugnens behandelt ist. Keinesfalls kann durch die oft gebrauchte Wendung „hartnäckiges Leugnen" ausgedrückt werden, das Gericht habe aus Art und Umständen des Leugnens Schlüsse auf Schuldmaß oder Gefährlichkeit des Täters ziehen können. Das Schwurgericht hätte von der Erwägung ausgehen sollen, daß das Verhalten eines Angeklagten im Strafprozeß in der Regel zunächst vom Selbsterhaltungstrieb bestimmt wurde und daß hierbei H. sehr viel leichter zum Geständnis kommen konnte als der Beschwerdeführer, weil der erstere nur mit einer sehr viel geringeren Strafe zu rechnen hatte.

Das Schwurgericht wird die Anrechnung der Untersuchungshaft unter Berücksichtigung der vorstehenden Rechtsausführungen neu zu prüfen und zu entscheiden haben.

---

43. 1. Heimtückischer Giftmordversuch.
2. Zur persönlichen Begünstigung des Täters.

StGB. §§ 211 Abs. 2, 257, 43.

Strafsenat. Urt. v. 18. Oktober 1949 g. D. u. a. StS 158/49.

I. Schwurgericht Verden (Aller).

Aus den Gründen:

Die Angeklagte D. ist wegen Mordversuchs (§§ 211, 43 StGB.) an der Ehefrau F. verurteilt, der Ehemann F. wegen persönlicher Begünstigung (§ 257 StGB.). Die Revisionen der beiden Angeklagten sind unbegründet . . .

Zur Heimtücke der Tat führt das Urteil aus, die Angeklagte habe sich nachts an ihr schlafendes Opfer „herangeschlichen" und dessen Arg- und Wehrlosigkeit zum Tötungsversuch ausgenutzt. Mit Recht bemerkt die Revision dazu, dabei sei die hohe Erregung der Angeklagten und der Umstand unbeachtet geblieben, daß sie ja kein Einschleichen, sondern eine Aussprache mit Frau F. vorgehabt habe. Der einzige Halbsatz, den das Urteil dem Tatmerkmal der heimtückischen Tötung widmet, wird den festgestellten Umständen in der Tat nicht voll gerecht. Dennoch ergeben die Tatfeststellungen aber insgesamt, daß der Tötungsversuch heimtückisch begangen worden ist (§§ 211, 43 StGB.). Dahingestellt bleiben mag, ob der ursprüngliche Plan der Angeklagten, wenn er geglückt wäre, das Merkmal der Heimtücke bei der Tatausführung erfüllt hätte. Die Angeklagte suchte zunächst eine Aussprache, war aber entschlossen, bei Mißlingen sich und die Frau F. durch die nach Öffnung der Ampulle freiwerdenden Blausäuredämpfe plötzlich und für Frau F. überraschend zu töten. Die hohe Erregung, in der sie diesen Plan faßte, hat sie nicht gehindert, immerhin zu erwägen, die durchaus arglose Frau F. mit dem Morde zu überraschen, deren Arg- und Wehrlosigkeit zur Tat also ausnützen zu können. Eine derartige Tat würde kaum an besonderer List und Tücke der Angeklagten gegenüber ihrem Opfer zweifeln lassen. Offen bliebe lediglich, ob das Tatbild deswegen weniger heimtückisch erschiene, weil die Angeklagte ja entschlossen war, sich unter den gleichen Umständen mit zu töten. Begrifflich würde dies zwar nichts daran ändern, daß das Verhalten der Angeklagten gegenüber Frau F., für sich allein betrachtet, heimtückisch erschiene. Immerhin aber ist die innere Haltung des Täters, der auf diese Weise einen anderen zwar „heimtückisch" töten, unter denselben Umständen aber zugleich selber durch eigene Hand sterben will, erheblich verschieden von der des bloßen Heimtückettäters. Ob das eine andere rechtliche Beurteilung erfordern könnte, kann hier aber auf sich beruhen, da die Tat so nicht verlaufen ist. Unzutreffend wäre das Urteil jedenfalls, wenn es der Angeklagten vorwürfe, sie habe sich an ihr Opfer „herangeschlichen", soweit damit das unbemerkt gebliebene Betreten der Wohnung und des Schlafzimmers gemeint ist. Denn die Angeklagte hat die Wohnung zwar nachts unbefugt und mit Schlüsseln betreten, die F. für verloren hielt, die also zum Aufschließen nicht mehr bestimmt gewesen sein mögen. Im Schlafzimmer hat sie aber zunächst nach Frau F. gerufen, um sie zu wecken. Bis dahin hat sie also nach den Tatfeststellungen nicht vorgehabt, diese im Schlaf zu töten. Sie suchte vielmehr die Aussprache, der die überraschende Tötung im wachen Zustande unter Umständen folgen sollte. Dieser Vorgang ist an sich kein „Heranschleichen" an die Schlafende. Die Angeklagte erwartete gar nicht, Frau F. schlafend zu finden. Erst als diese auf Anruf weiterschlief, erkannte die Angeklagte nach den Urteilsfeststellungen, wie leicht es sei, nur sie zu töten. Sie faßte das Weiterschlafen geradezu als „Wink des Schicksals" auf, sich, entgegen dem Plane, auf die heimliche Tötung der verhaßten Nebenbuhlerin zu beschränken. Diese Feststellungen des Urteils sind so eindeutig, daß sie sich nur dahin verstehen lassen: trotz ihrer Erregung hat die Angeklagte im Schlafzimmer erkannt, daß die schlafende Frau F. gegen eine Tötung mit Blausäure wehrlos sei und daß die Tatumstände, an sich ungewollt, hierfür besonders günstig seien. Denn nur diese Erkenntnis der Sachlage kann der Angeklagten als „Wink" erschienen sein. Wenn sie es nun noch fertig brachte, in dem nur vom Mond beleuchteten Zimmer die Ampulle aufzubrechen, der Schlafenden unter die Nase zu halten und dann unter Andrücken der Kinnlade in den Mund zu stecken, so kann ihre Erregung nicht so groß gewesen sein, ihr die Erkenntnis der Ausnutzung der Hilflosigkeit der Frau F. zu verwehren. Sie kann eine natürliche Taterregung nicht überschritten haben. Die ärztlichen Sachverständigen haben die volle Verantwortlichkeit der Angeklagten zur Tatzeit trotz ihrer hysterischen Züge, der zerrüttenden Wirkung des Verhältnisses zum Ehemann F., des erst kurz vorher genommenen Luminals und der vorangegangenen Auseinandersetzungen mit F. denn auch übereinstimmend bejaht. Hat die Angeklagte die Tatumstände zur Tatzeit aber sämtlich, wenn auch in raschem Überblick, erkannt und zur Tat ausgenutzt, so ist dem Tatrichter jedenfalls im Ergebnis beizutreten, wenn er den Tötungsversuch wegen bewußter Ausnutzung der Wehrlosigkeit der Schlafenden heimtückisch findet, zumal die ursprüngliche Absicht der Angeklagten, auch selbst den Tod zu suchen, jetzt dem Plane gewichen war, lediglich die Ehefrau zu beseitigen. Daß die gesamten Tatumstände im übrigen derart waren, daß sich der Verdacht ohnedies sehr rasch auf Dr. F. oder die Angeklagte oder auf beide gemeinsam lenken mußte — die Verdachtsmomente, die später vorübergehend gegen Frau F. zu sprechen schienen, waren der Angeklagten damals unbekannt —, so daß die Tat dem erstrebten Ziele nicht genügte, steht der heimtückischen Tötung nicht entgegen; die Ansicht der Revision, die Tat sei denkbar ungeschickt begangen, vermag hieran nichts zu ändern, ganz abgesehen davon, daß ihr darin schwerlich beizupflichten ist. Dieses dem Heimtückebegriff entsprechende Ergebnis wird auch durch die Schwere der Tat bestätigt. Mag die Angeklagte auch ursprünglich, neben der Tötung der Ehefrau, den Selbstmord gewollt haben, so hat sie sich doch schließlich in Erkenntnis der ungewöhnlich günstigen Lage einfach zur Beseitigung der Nebenbuhlerin durch Gift entschlossen, um den Geliebten für sich zu erringen. Daher läßt sich nicht sagen, daß die Tat so, wie sie schließlich ausgeführt worden ist, von dem üblichen Bilde des Giftmords nennenswert abwiche und sich nach Schwere und Verwerflichkeit etwa mehr dem Totschlage nähere. Dem angefochtenen Urteil ist vielmehr insoweit beizutreten. Die Persönlichkeit der Angeklagten, deren Würdigung die Revision vermißt, ist dabei bereits beachtet . . .

Auch die Revision des Ehemannes F. kann keinen Erfolg haben. Zur persönlichen Begünstigung (§ 257 StGB.) ist festgestellt: F. hat nach der Tat alsbald Verdacht gegen die D. geschöpft und ihn seiner Frau gegenüber auch geäußert. Von dem untersuchenden Kriminalbeamten hatte er die Erlaubnis zu privaten Ermittlungen erlangt. Er suchte nun die D. zunächst in seiner Garage und anderwärts, fand sie schließlich morgens in ihrem Bett wachend, bedrohte sie mit einem Totschläger und warf ihr vor, seine Frau „umgebracht" zu haben. Auf ihre Beteuerungen, unschuldig zu sein, wenn auch „alles gegen sie sei", weswegen sie sich der Polizei stellen wolle, setzte er ihr auseinander, nur sie könne die Täterin sein, riet aber von Selbstgestellung ab. Er warf ihr alles Geld, das er bei sich trug, etwa 600 RM, auf den Tisch und verlangte von ihr, bis Mittag N. zu verlassen, andernfalls er sie anzeigen werde. Beide haben dann insgesamt etwa eine Stunde Unbekanntes besprochen. Nach der Rückkehr in seine Wohnung erklärte er der Vermieterin N., seine Ermittlungen seien erfolglos, seine Frau habe einen Selbstmord versucht. Dieser gegenüber bezweifelte er jetzt die Schuld der D. Dem Kriminalbeamten K., der die D. bereits für verdächtig hielt, „bestätigte" er dies. Der Tatrichter sieht die Begünstigung in dem Rat zur Flucht unter Hingabe des Geldes, weiter in den Äußerungen gegenüber Frau N., endlich in dem „Versuch, den Tatverdacht seiner Frau gegen die D. zu zerstreuen".

Damit ist ausreichend festgestellt, daß der Angeklagte die D., als er sie aufsuchte, mit hoher Wahrscheinlichkeit für die Täterin hielt und daß er ihr deshalb Geld hingeworfen hat, um ihr die Flucht, zu der er sie drängte, zu erleichtern. Er hat ihr dadurch nach Begehung des Verbrechens wissentlich und vorsätzlich durch Rat und Geldhingabe Beistand zur Flucht geleistet, um sie, wie das Urteil feststellt, so der Bestrafung zu entziehen. Daß die D. dennoch nicht geflohen ist, ist für die persönliche Begünstigung unerheblich, ebenso, ob der Angeklagte nebenher etwa noch von anderen Erwägungen geleitet gewesen ist, etwa der, eigene Unannehmlichkeiten zu vermeiden.

Die späteren Äußerungen des Angeklagten gegenüber seiner Frau und der Frau N. begründen schon deshalb keine Begünstigung, weil insoweit nicht feststeht, daß er mit ihnen bezweckte, die polizeilichen Aussagen seiner Frau und der Frau N. zu Gunsten der Täterin zu beeinflussen. Allein durch seine Äußerung, er halte die D. nicht für die Täterin und seine Bemühungen seien erfolglos geblieben, seine Frau habe vielmehr einen Selbstmord versucht, hat der Angeklagte die Lage der D. gegenüber der Strafverfolgung nicht vorsätzlich verbessert. Das konnte erst durch Verwirrung der Zeuginnen geschehen, mußte dann vom Angeklagten aber auch erkannt und e r s t r e b t sein. Es kommt weiter hinzu, daß die Polizei, als der Angeklagte diese Äußerungen tat, bereits Verdacht gegen die D. hatte und daß der Angeklagte, wie festgestellt ist, diesen Verdacht bei polizeilicher Befragung alsbald „bestätigt", also, wenn nicht geteilt, so doch jedenfalls nicht bestritten hat. Spätestens dadurch sind etwaige Erschwerungen der Strafverfolgung, die von seiner Seite zu diesem Zeitpunkt wegen seines vorherigen Verhaltens zu den Zeuginnen hätten kommen können, wieder ausgeräumt worden . . .

---

44. 1. Der Umstand, daß sich der Genötigte in vorwerfbarer Weise einer Zwangslage im Sinne des § 52 StGB. ausgesetzt hat, kann für die Entscheidung der Frage von Bedeutung sein, welche sonstigen Auswege ihm zur Vermeidung der ihm drohenden Leibes- oder Lebensgefahr zuzumuten sind.

2. Handeln auf Befehl eines Vorgesetzten im Sinne des § 4 der VO. vom 23. Mai 1947 liegt nur vor, wenn der Vorgesetzte seine Befehlsgewalt vom Staate ableitet.

StGB. § 52, Verordnung zur Beseitigung nationalsozialistischer Eingriffe in die Strafrechtspflege vom 23. Mai 1947 § 4.

Strafsenat. Urt. v. 24. Oktober 1949 g. K. StS 244/49.

I. Schwurgericht Braunschweig.

A u s d e n G r ü n d e n :

Der Angeklagte, der im Jahre 1929 Mitglied der NSDAP. und einige Zeit darauf Angehöriger der SS. geworden war, gehörte im Jahre 1932 der ständigen Stabswache an, die im Dienstgebäude des SS-Abschnitts IV in Br. untergebracht war, dort das Gebäude zu sichern und den Fernsprechdienst wahrzunehmen hatte, daneben auch im Gebrauch von Handfeuerwaffen ausgebildet, am Sandkasten über taktische Fragen unterrichtet und für den Bürgerkrieg geschult wurde. Der SS-Abschnitt IV und die im Dienstgebäude untergebrachte Stabswache standen unter dem Befehl des SS-Oberführers J., der als rücksichtsloser Gewaltmensch bekannt war, blinden Gehorsam forderte und sich auch vor der Anwendung ungesetzlicher Mittel nicht scheute, wenn es galt, die Befolgung seiner Befehle zu erzwingen.

Am 12. Oktober 1932 erhielt der Angeklagte von J. unter Aushändigung einer mit acht Schuß geladenen Pistole den Befehl, den ebenfalls der Stabswache angehörenden SS-Mann Walter K. zu erschießen, da er ein Verräter sei. Als er J. bat, einen anderen zu beauftragen, da er sich der Aufgabe nicht gewachsen fühle, verwies ihn J. auf seinen „Diensteid" und erklärte ihm dem Sinne nach, wenn er den Befehl nicht ausführe, „müsse er selbst dran glauben". Nach einigem Schwanken entschloß sich der Angeklagte, den Befehl zu befolgen. Er täuschte seinem Kameraden K. vor, er wolle sich noch in derselben Nacht von der Stabswache heimlich entfernen und in das Lager der politischen Gegner überwechseln und forderte K. auf, dabei mitzumachen. K. sagte auch nach einigem Zögern zu. Beide fuhren in der Nacht mit einem Mietwagen, dessen Fahrer in das Vorhaben nicht eingeweiht war, aus Br. aufs Land. Kurz nach Einfahrt in den S. Forst ließen sie den Wagen halten, um ihre Notdurft zu verrichten. Als sie zu diesem Zweck ausgestiegen waren und nebeneinander am Straßenrande standen, zog der Angeklagte die Pistole und streckte den ahnungslosen K. durch mindestens sieben Schüsse nieder. Der Tod K.s trat infolge der Schußverletzungen ein.

Auf Grund dieses Sachverhalts ist der Angeklagte durch das angefochtene Urteil wegen Mordes unter Anwendung des § 4 der VO. zur Beseitigung nationalsozialistischer Eingriffe in die Strafrechtspflege vom 23. Mai 1947 zu einer zeitigen Zuchthausstrafe verurteilt worden. Die gegen dieses Urteil gerichtete Revision des Angeklagten ist unbegründet, diejenige der Staatsanwaltschaft dagegen begründet.

1. Ohne Rechtsirrtum hat das Schwurgericht angenommen, daß die Tötung K.s durch den Angeklagten den zur Zeit der Tat geltenden § 211 StGB. a.F. verwirklicht. Die Erwägungen, mit denen das Schwurgericht das Handeln mit Überlegung bejaht, sind rechtlich bedenkenfrei. Es ist nicht ersichtlich, daß ihm dabei denkgesetzliche Fehler unterlaufen wären, daß es bei der Prüfung der Frage Tat-

sachen der allgemeinen Lebenserfahrung nicht oder nur unzureichend berücksichtigt oder daß es sonst rechtlich geirrt hätte. Die Beanstandungen der Revision des Angeklagten enthalten nur unzulässige Angriffe gegen die bedenkenfrei getroffenen und darum das Revisionsgericht bindenden tatsächlichen Feststellungen des Tatrichters. Mit Rücksicht auf den zur Zeit der Tat geltenden § 2 Abs. 2 StGB. a.F. hat er zutreffend auch die Prüfung für geboten erhalten, ob das zur Zeit seiner Entscheidung geltende Recht milder ist. Er ist dabei zunächst zu dem Ergebnis gelangt, daß auch der Tatbestand des § 211 StGB. n.F. verwirklicht ist. Das Merkmal der Heimtücke im Sinne des § 211 StGB. n.F. hat er mit Recht darin gefunden, daß der Angeklagte in Ausführung eines sorgfältig vorbereiteten Mordplanes sein Opfer durch die Täuschung, er wolle mit ihm von der SS. zu den politischen Gegnern hinüberwechseln, an den einsamen Tatort lockte und es dort unter bewußter Ausnutzung seiner Arglosigkeit und Vertrauensseligkeit niederschoß. Auch der § 211 StGB. n.F. drohte in der zur Zeit der Entscheidung geltenden Fassung zwar grundsätzlich die Todesstrafe an, sah aber in Abs. 3 für besondere Ausnahmefälle lebenslanges Zuchthaus vor. Er war also für den Fall, daß die Voraussetzungen des Abs. 3 bejaht wurden, gegenüber dem § 211 StGB. a.F. das mildere Gesetz. Dieser Rechtszustand ist inzwischen durch Art. 102 des Grundgesetzes für die Bundesrepublik Deutschland geändert. Dieser hat die Todesstrafe mit unmittelbar eingreifender, rückwirkender Kraft abgeschafft. Das führt zu dem Ergebnis, daß nunmehr nicht nur in § 211 StGB. n.F., sondern auch in § 211 StGB. a.F. lebenslanges Zuchthaus als einzige Strafe angedroht ist. Die Anwendung der alten und der neuen Fassung des § 211 StGB. führt also nach dem Inkrafttreten des Art. 102 des Grundgesetzes im vorliegenden Fall zu demselben Ergebnis. Die neue Fassung des § 211 StGB. hat auch für den Fall, daß die Voraussetzungen des Abs. 3 bejaht werden, aufgehört, gegenüber der alten Fassung das mildere Gesetz zu sein. Deshalb ist jetzt § 211 StGB. a.F. in Verbindung mit Art. 102 des Grundgesetzes auf den vorliegenden Fall anzuwenden.

2. Zutreffend wird vom Schwurgericht Notstand in jeder Gestalt verneint. Die Annahme des Nötigungsstan-

des (§ 52 StGB.) scheitert, wie das angefochtene Urteil ohne Rechtsirrtum näher darlegt, schon daran, daß dem Angeklagten, um den ihm bei Nichtbefolgung des erteilten Befehls drohenden Gefahren zu entgehen, zahlreiche andere Wege offenstanden, die Ausführung des Befehls also keinesfalls das einzige Mittel war, der Gefahr auszuweichen. Dabei ist zu beachten, daß dem Angeklagten einmal die Begehung eines der schwersten Verbrechen überhaupt zugemutet wurde und daß er sich im übrigen selbst freiwillig in die Zwangslage gebracht hatte. Wenn auch die Anwendung des § 52 StGB. — anders als bei § 54 StGB. — nicht davon abhängig ist, daß sich der Genötigte unverschuldet dem Zwange aussetzt, so ist sein Verschulden doch nicht ohne Bedeutung. Wer sich in vorwerfbarer Weise der Gefahr aussetzt, durch Drohungen für Leib und Leben zu Verbrechen bestimmt zu werden, dem sind unter Umständen ganz andere Auswege zuzumuten, als wenn er unverschuldet in diese Lage geraten wäre. Deshalb ist die Feststellung des Schwurgerichts von Bedeutung, daß der Angeklagte mindestens während der Dauer seiner Zugehörigkeit zur SS. erfuhr, einer Vereinigung anzugehören, die verbrecherischen Zielen diente und deren Mitglieder Verbrechen begingen. Trotzdem blieb er weiter Mitglied. Unter diesen Umständen waren ihm, als er selbst durch Drohungen zur Begehung eines Mordes bestimmt werden sollte, auch Auswege zuzumuten, die mit einer gewissen Gefahr für ihn verbunden blieben, wenn er dabei nur der ihm sonst drohenden gegenwärtigen Gefahr für Leib und Leben entging. Zutreffend legt deshalb das Schwurgericht dar, daß der Angeklagte nicht nur die Ausführung des Befehls vortäuschen konnte, sondern nach den im Oktober 1932 herrschenden Verhältnissen die Möglichkeit hatte, sich aus dem Bereich, in dem er für J. erreichbar war, zu entfernen, daß er irgendwo im Verborgenen untertauchen konnte, und daß dieser Weg nicht nur im damaligen Zeitpunkt für ihn gangbar war, sondern auch für spätere Zeiten — sogar nach der Machtergreifung — alle Aussicht barg, ihn gegenwärtiger Lebensgefahr zu entziehen. Was die Revision des Angeklagten hiergegen anführt, bedeutet ebenfalls nur einen unzulässigen Angriff gegen die rechtlich bedenkenfrei getroffenen tatsächlichen Feststellungen des angefochtenen Urteils. Dasselbe gilt von den Darlegungen, mit denen das Schwurgericht bejaht, daß sich der Angeklagte dieser Möglichkeiten auch damals bewußt gewesen sei. Damit ist auch ein Irrtum des Angeklagten über das Vorliegen der Voraussetzungen des § 52 StGB. mit zureichenden Gründen verneint. Die VO. des Reichspräsidenten über die Gewährung von Straffreiheit vom 21. März 1933, die dazu geführt hat, daß der Angeklagte nach 1933 zunächst nicht zur Verantwortung gezogen wurde, steht der Verurteilung nicht entgegen. Denn sie ist durch Art. I Ziff. 6 KRG. 55 aufgehoben worden. Es bedarf deshalb nicht einmal der Heranziehung der §§ 1 und 2 der VO. zur Beseitigung nationalsozialistischer Eingriffe in die Strafrechtspflege vom 23. Mai 1947, auf die sich das Schwurgericht beruft und die sonst zu demselben Ergebnis führen würden. Die Tat ist gemäß § 67 Abs. 1 StGB. auch noch nicht verjährt. Die Revision des Angeklagten erweist sich damit als unbegründet und muß verworfen werden . . .

4. Dagegen wendet sich die Revision der Staatsanwaltschaft mit Recht gegen die Auslegung, die das Schwurgericht dem § 4 der Verordnung zur Beseitigung nationalsozialistischer Eingriffe in die Strafrechtspflege vom 23. Mai 1947 gegeben hat. Rechtsirrig ist schon der Ausgangsgedanke, daß § 4 a.a.O. angewendet werden könne, weil durch die §§ 1 und 2 der VO. vom 23. Mai 1947 die Straffreiheitsverordnung des Reichspräsidenten vom 21. 3. 1933 unbeachtlich werde und der Angeklagte deshalb erst zur Verantwortung gezogen werden könne; denn die VO. vom 21. März 1933 ist durch Art. I Ziff. 6 KRG. 55 aufgehoben worden. Die Anwendung des § 4 der VO. vom 23. Mai 1947 entfällt jedoch auch deshalb, weil ein Befehl im Sinne dieser Vorschrift nach den Feststellungen des Schwurgerichts nicht vorliegt. Die Bestimmung des § 4 a.a.O. ist ersichtlich dem Art. II 4 b KRG. 10 nachgebildet. Aus dem Umstande, daß beide Vorschriften den Befehl des Vorgesetzten neben den Befehl der Regierung stellen, ergibt sich schon, daß nur derjenige als Vorgesetzter im Sinne dieser Bestimmungen angesehen werden darf, der seine Befehlsgewalt vom Staate ableitet. Wer sich ohne Billigung des Staates diese Befehlsgewalt anmaßt oder wem sie freiwillig von anderen übertragen ist, ist nicht Vor-

gesetzter im Sinne der angeführten Bestimmungen. Nur beim „höheren" Befehl, der sich auf staatlich abgeleitete Befehlsgewalt stützt, kann für den Befehlsempfänger der Konflikt zwischen der grundsätzlichen Verpflichtung zum Gehorsam und der Pflicht, kein Verbrechen zu begehen, entstehen, dem § 4 der VO. vom 23. Mai 1947 und Art. II 4 b KRG. 10 Rechnung tragen wollen. Ob und von welchem Zeitpunkt an Führer der NSDAP oder ihrer Gliederungen sich darauf berufen konnten, im Namen des Staates selbst zu sprechen, braucht hier nicht entschieden zu werden. Bei dem „Befehl", den J. im Oktober 1932 dem Angeklagten gab, traf das jedenfalls nicht zu. Der SS. war zur Tatzeit vom Staate noch keine besondere Stellung eingeräumt. Sie stand, wie das angefochtene Urteil selbst darlegt, im schärfsten Gegensatz zur damaligen Staatsgewalt, die sie mit allen verfügbaren Mitteln bekämpfte. Der Sinn des § 4 der VO. vom 23. Mai 1937 würde ins Gegenteil verkehrt, wenn man mit dem Schwurgericht den „Befehl" eines SS-Führers im Oktober 1932 dem Befehl der Regierung gleichsetzen wollte. Die Ansicht des Schwurgerichts ist daher rechtlich unhaltbar. Es ist darum auch gleichgültig, daß die SS. schon zur Tatzeit, wie das Schwurgericht hervorhebt, eine „militärisch disziplinierte Organisation" war. Denn diese beruhte nicht auf staatlicher Anerkennung oder Billigung, sondern auf freiwilliger Unterwerfung durch die Mitglieder. Die Stellung ihrer „Führer" unterschied sich rechtlich durch nichts von der Stellung der Leiter oder Vorsitzenden irgendeiner anderen privaten Vereinigung. Ohne Bedeutung ist auch, daß die SS-Leute, wie das Urteil darlegt, „bedingungslose Treue und ebensolchen Gehorsam gegenüber Hitler und den von ihm eingesetzten Führern gelobten". Auch dadurch erlangten die „Führer" rechtlich keine irgendwie bevorzugte Stellung. Die Angehörigen der SS. machten sich vielmehr im Gegenteil nach § 128 StGB. strafbar, wenn sie bedingungslosen Gehorsam gelobten. Zur Tatzeit war also der SS-Oberführer J., der dem Angeklagten den Befehl zur Tötung K.s gab, kein Vorgesetzter im Sinne des § 4 der VO. vom 23. Mai 1947.

Da schon aus den angeführten Gründen § 4 der VO. vom 23. Mai 1947 nicht angewendet werden kann, braucht nicht entschieden zu werden, ob er für den Fall, daß er angewendet werden dürfte, eine Milderung der in § 211 StGB. jetzt allein angedrohten lebenslangen Zuchthausstrafe rechtfertigen könnte. Die Verhängung einer zeitigen Zuchthausstrafe durch das Schwurgericht war nach alledem fehlerhaft. Rechtlich zulässig war nach § 211 StGB. a.F. in Verbindung mit Art. 102 des Grundgesetzes allein die lebenslange Zuchthausstrafe. Auf sie kann der Senat nach § 354 Abs. 1 StPO. selbst erkennen. Damit mußte auch die vom Schwurgericht ausgesprochene Anrechnung der Untersuchungshaft wegfallen, da sie nur bei zeitiger Freiheitsstrafe sinnvoll und damit rechtlich möglich ist.

Die Entscheidung entspricht dem Antrage des Generalstaatsanwalts.

---

45. 1. Art. 103 Abs. 2 des Bundesgrundgesetzes steht der Anwendung des KRG. 10 nicht entgegen.

2. Das Verbrechen gegen die Menschlichkeit hat, soweit es von Deutschen gegen Deutsche begangen wurde, keinen völkerrechtlichen Charakter.

3. Bei der Anwendung des KRG. 10 gelten nur die Grundsätze, die dem Gesetz selbst zu entnehmen sind. Naturrechtliche Grundsätze geben dem KRG. 10 aber seine sittliche und rechtliche Rechtfertigung.

4. Eine Schädigung von entsprechender Tatschwere im Sinne des Art. II 1 c KRG. 10 hat überpersönliche, die Menschheit berührende Wirkung, wenn sie auf dem Zusammenhang mit dem nationalsozialistischen System von Willkür und Gewalt, also auf der Verletzung wesentlicher Grundsätze des menschlichen Zusammenlebens beruht. Eine „humanitäre Intervention" ist dafür nicht erforderlich.

5. Zum äußeren und inneren Tatbestande eines durch richterliche Urteilstätigkeit begangenen Verbrechens gegen die Menschlichkeit.

Bundesgrundgesetz Art. 103 Abs. 2; KRG. 10 Art. II 1 c.

Strafsenat Urt. v. 18. Oktober 1949 g. H. StS 309/49.

I. Schwurgericht Kiel.

Aus den Gründen:

Der Angeklagte ist von der Anklage eines Verbrechens gegen die Menschlichkeit freigesprochen. Die Revision der Staatsanwaltschaft ist begründet.

Ein Bordkriegsgericht der U-Bootwaffe verurteilte am 26. Januar 1944 den Oberleutnant zur See K. wegen fortgesetzter Wehrkraftzersetzung zum Tode und wegen Abhörens von Auslandssendern zu einem Jahr Zuchthaus. Das Urteil wurde am 12. Mai 1944 vollstreckt. Ein anderes Kriegsgericht erkannte am 28. März 1944 gegen den Kapitänleutnant d. R. Dr. G. wegen Wehrkraftzersetzung, Ungehorsams im Felde und Devisenvergehens auf Todesstrafe, Gefängnis und Geldstrafe. Die Todes- und Freiheitsstrafe wurde von Hitler im Gnadenwege in 10 Jahre Zuchthaus umgewandelt und G. unter Aussetzung der Vollstreckung einem Bewährungsbataillon zugeteilt, bei dem er den Krieg überlebte. An beiden Urteilen hat der Angeklagte als Verhandlungsleiter mitgewirkt und für die Todesstrafe gestimmt.

Bei der rechtlichen Würdigung dieses Sachverhalts prüft das Schwurgericht, ob Art. II 1 c des KRG. 10 Anwendung finde und geht zutreffend davon aus, daß ihr das im früheren § 2 des StGB. und Art. 116 der Weimarer Verfassung enthaltene, nach Durchbrechung in der nationalsozialistischen Zeit von den Besatzungsmächten wiederhergestellte und in Art. 103 Abs. 2 des Bundesgrundgesetzes bestätigte Rückwirkungsverbot nicht entgegenstehe. Die Rechtfertigung dieses Standpunktes erblickt das Schwurgericht darin, daß Unmenschlichkeitsverbrechen eine Verletzung des Natur- und Völkerrechts darstellen, die stets „verboten und strafwürdig" gewesen und im KRG. 10 „nur mit einer Strafandrohung ausgestattet worden" sei. Diese von der Rechtsprechung des OGH. abweichende Charakterisierung des Verbrechens gegen die Menschlichkeit als eines *völkerrechtlichen* Delikts kann zu der später noch zu erörternden unrichtigen Auslegung des KRG. 10 geführt haben. Deshalb ist in diesem Zusammenhang auf die Entscheidung OGHSt. Bd. 1 S. 1, 4 zu verweisen. Das, was das KRG. 10 als Verbrechen gegen die Menschlichkeit unter Strafe stellt, war bereits zur Tatzeit nach der Auffassung aller sittlich empfindenden Menschen strafwürdig, blieb jedoch straflos, weil der nationalsozialistische Staat selbst solche Untaten durch seine Organe und Anhänger begehen ließ. Schon damals war die Bestrafung dieses Unrechts rechtsstaatliche Pflicht. Die nachträgliche Heilung einer derartigen Pflichtversäumnis durch rückwirkende Bestrafung entspricht deshalb einem Gebot der Gerechtigkeit und Rechtssicherheit. Ihnen dient der deutsche Richter, wenn er das staatsrechtlich für ihn verbindliche KRG. 10 anwendet.

Insofern ist der Ausgangspunkt des Schwurgerichts zu billigen, als naturrechtliche Grundsätze dem KRG. 10 erst seine rechtliche und sittliche Rechtfertigung geben. Im übrigen haben jedoch bei der Anwendung des Gesetztes selbst nur die Grundsätze zu gelten, die, wie der OGH. in ständiger Rechtsprechung erkannt hat, aus dem Gesetze selbst zu entnehmen sind. Deshalb begegnet es Bedenken, mit dem Schwurgericht, soweit es sich um Straftaten von Deutschen gegen Deutsche handelt, einer naturrechtlichen oder völkerrechtlichen Auffassung des KRG. 10 eine sogenannte positivistische gegenüberzustellen.

Der Tatbestand des Verbrechens gegen die Menschlichkeit ist dann erfüllt, wenn der Täter einen Menschen in seinen Menschenrechten in einer die Grundlagen des menschlichen Zusammenlebens berührenden Weise durch ein mit der nationalsozialistischen Gewalt- und Willkürherrschaft zusammenhängendes, bewußtes und gewolltes Angriffsverhalten verletzt hat. Das Schwurgericht weicht von diesem Tatbestand insoweit ab, als es statt des Zusammenhangs des Angriffsverhaltens mit der nationalsozialistischen Gewalt- und Willkürherrschaft eine Verfolgung aus politischen Gründen verlangt. Dabei verkennt es, daß eine solche Verfolgung nur einen Unterfall des in der Rechtsprechung des OGH. herausgebildeten, eben erwähnten Tatbestandes darstellt und daß es auf das Motiv, aus dem der Täter handelt, nicht ankommt (vgl. OGHSt. Bd. 1 S. 17, 189, 225, 262).

Weiterhin sieht das Schwurgericht die vom OGH. geforderte überpersönliche Wirkung der Schädigung nur dann als gegeben an, wenn das Menschheitsgewissen im Sinne einer im Schrifttum erörterten „humanitären Intervention" empört ist. Damit wird einerseits zu viel, andererseits zu wenig verlangt. Ob eine Tat das

Weltgewissen erregt und eine Intervention auslöst, hängt zunächst von der Unterrichtung der Völker über solche Vorgänge ab und besagt allein nichts über die Schwere des Unrechtsgehalts selbst. Eine weitere Voraussetzung solcher Intervention wäre der Wille hierzu, der gleichfalls nicht für sein Wirksamwerden durch die Schwere der Tat beeinflußt zu sein braucht. An diesen Voraussetzungen wird es in den meisten Fällen fehlen. Außerdem ist es denkbar, daß schon einzelne Taten gegen die Grundregeln des menschlichen Zusammenlebens wegen ihrer besonderen Verwerflichkeit diese Voraussetzungen erfüllen können, obwohl die Regierungen der Länder, in denen sie vorkommen, die Verfolgung Andersdenkender nicht zum Programm erhoben haben. Solche Fälle will das KRG. 10 ersichtlich nicht treffen. Seinem Sinn und Zweck nach richtet es sich vielmehr gegen die von dem nationalsozialistischen Staat willkürlich und gewaltsam begangene planmäßige Unterdrückung und Verfolgung aller Menschen, die diesem Regime aus irgendwelchen Gründen mißliebig erschienen, besonders um deswillen, weil sie sich seinen Zielsetzungen nicht als gefügige Werkzeuge blindlings einordneten. Werden nun dergestalt verwerfliche Ziele und Methoden zum staatspolitischen System erhoben, wie dies im „Dritten Reich" geschehen ist, so fordert dies allein schon die Weltmeinung heraus und berührt damit die Menschheit, ohne daß es auf die *einzelnen* Fälle innerhalb der Gesamtverfolgung noch wesentlich ankäme. Ihr *Zusammenhang* mit dem dargelegten nationalsozialistischen System der Willkür und Gewalt vielmehr hat schon bei entsprechender Tatschwere diese überpersönliche Wirkung, *die auf der Verletzung wesentlicher Grundsätze des menschlichen Zusammenlebens beruht*. Sie hängt also nicht von einer „humanitären Intervention" ab, für deren Einleitung oder Unterlassen nicht die Tat und deren Folgen, sondern zufällige Umstände maßgebend sein können.

Infolge dieser rechtsirrigen Erwägungen hat das Schwurgericht teils den festgestellten Sachverhalt unrichtig beurteilt, teils möglicherweise eine erschöpfende Aufklärung und Behandlung unterlassen. Deshalb muß das angefochtene Urteil aufgehoben werden.

Zum Falle K.: Nach den Feststellungen des Schwurgerichts hatte K., ein hervorragend beurteilter und erfolgreicher U-Bootkommandant, im März 1943 bei der Übernahme eines U-Bootes das in der Messe hängende „Führerbild" mit den Worten: „Nehmt das mal weg dort, wir treiben keinen Götzendienst!" entfernen lassen; danach auf zwei Feindfahrten häufig abfällige Bemerkungen über die Regierungsform und die NSDAP. gemacht; erklärt, daß nur der Sturz Hitlers und seiner Partei dem deutschen Volke Frieden und kulturellen Aufstieg bringen könne; die Ablösung des Führerstaates unter Hitler durch eine Militärdiktatur als notwendig und nahe bevorstehend bezeichnet; zum Ausdruck gebracht, daß er an einen Endsieg wegen der materiellen Überlegenheit der Feindmächte nicht mehr glaube; Hitler einen wahnsinnigen Utopisten genannt, der den Krieg vom Zaune gebrochen habe; die nationalsozialistische Propaganda abfällig kritisiert und ähnliches ausgeführt. Wegen dieser nach Ansicht des Schwurgerichts im wesentlichen zutreffenden Äußerungen ist K. von dem Bordkriegsgericht wegen Wehrkraftzersetzung gemäß § 5 Abs. 1 KSSVO. zum Tode verurteilt.

Diese Todesstrafe war eine tatbestandsmäßige Schädigung des K. im Sinne des Art. II 1 c des KRG. 10, weil sie unter Berücksichtigung aller Strafzwecke unerträglich hart und unter rechtsstaatlichen Verhältnissen als Regelfall undenkbar ist. Die militärische Lage Deutschlands war nach dem Fall von Stalingrad aussichtslos. Jeder von der Kriegspropaganda nicht Verblendete erkannte dies. Auch der Angeklagte zweifelte, wie das Schwurgericht festgestellt hat, von diesem Zeitpunkt ab am Siege. Die vernichtenden Schläge, die die deutsche Wehrmacht vom Jahre 1943 ab auf allen Kriegsschauplätzen hinnehmen mußte, das durch technische Feindüberlegenheit bedingte Versagen der U-Bootwaffe, die sich ständig steigernden materiellen Kräfte der Alliierten ließen den bevorstehenden militärischen Zusammenbruch des „Dritten Reiches" nur immer deutlicher sich ankündigen. Deshalb erscheint es an sich schon zweifelhaft, ob zur Zeit der Urteilsfällung Ende Januar 1944 sogenannte defaitistische Äußerungen bei der ausweglosen Kriegslage für den Ausgang des Krieges noch von Bedeutung sein konnten. Dennoch geht der Senat davon aus, daß das Verhalten des Kommandanten K. den Tatbestand des § 5 KSSVO. nach der Vorstellung des Angeklagten erfüllte. Trotzdem durfte das Kriegsgericht ihn nicht in den Tod schicken. Hierzu reichten die Schuld des K. und die Gefährlichkeit seiner Handlungsweise, wenn hiervon überhaupt noch die Rede sein konnte, nicht im entferntesten aus. K. war festgestelltermaßen ein untadeliger Offizier und der Verantwortung für das Leben der Besatzung seines Bootes sich in besonderem Maße bewußt. Seine Tat war nicht unehrenhaft oder verwerflich. Er erörterte Fragen, die das Schicksal jedes einzelnen tief berührten, und über die jeder geistig regsame Mensch sich damals Gedanken machte, im engen Kameradenkreise. Er äußerte politische Ansichten, die seiner Überzeugung entsprachen und sachlich teilweise richtig waren. Damit machte er nur von dem jedermann zustehenden Recht der freien Meinungsäußerung Gebrauch. U-Bootbesatzungen waren damals, wie das Schwurgericht hervorhebt, Belastungen ausgesetzt, die gerade noch am Rande des Erträglichen lagen. Wenn er in dieser Situation richtige Einsichten über Staatsführung und Kriegsausgang aussprach, so ist dies menschlich verständlich. Auch das Kriegsgericht hat nach den Feststellungen des Schwurgerichts nicht angenommen, daß K. in Zersetzungsabsicht gehandelt habe, sondern hielt nur bedingten Vorsatz für gegeben. Deshalb beantragte der Anklagevertreter auf Grund des Ergebnisses der Hauptverhandlung nur eine Freiheitsstrafe. Schon das hätte es dem Kriegsgericht ohne weiteres sogar unter Berücksichtigung nationalsozialistischer Verhältnisse ermöglicht, von der Todesstrafe abzusehen. Dies war aber außerdem noch aus einem anderen Grunde geboten. Zur Zeit der Urteilsfällung hatte, wie das Schwurgericht auf Grund einer umfangreichen Beweisaufnahme feststellt, das nationalsozialistische Terrorsystem trotz verschiedener Versuche der „Führung" die Marinejustiz noch nicht allgemein erfaßt. Die Marinekriegsgerichte erkannten bei Wehrkraftzersetzung unter Annahme minder schwerer Fälle in der Regel auf Freiheitsstrafen. Der Regelfall verlangte direkten Zersetzungsvorsatz. Nur in besonders schwerwiegenden Fällen wurde auf Todesstrafe erkannt. Nach dieser allgemeinen Praxis lag der Fall K.s, der nur mit bedingtem Vorsatz gehandelt hatte, noch milder als der Regelfall. Führte nun der schwerer wiegende Regelfall nur zu Freiheitsstrafen, so mußte deshalb gegen K. auf eine besonders niedrige Freiheitsstrafe erkannt werden, möglicherweise nur auf eine nach § 5 KSSVO. auch zulässige Gefängnisstrafe. Wenn das Gericht ihn unter diesen Umständen dennoch zum Tode verurteilte, so bedeutete dies offensichtlich schweres Unrecht im Sinne einer tatbestandsmäßigen Schädigung des Opfers.

Das hat auch das Schwurgericht an sich richtig erkannt; denn es bemerkt in diesem Zusammenhang: „Es wäre gewiß eine unerträgliche Mißachtung der Menschenwürde und des Menschenrechts, wenn K. nur wegen politischer Äußerungen, insbesondere seiner Angriffe gegen Hitler, schlechthin zum Tode verurteilt wäre." Es meint jedoch, man dürfe den Fall nicht „nur unter diesem Blickwinkel sehen". K. habe durch seinen politischen Meinungsstreit seine eigene Autorität als Kommandant völlig untergraben und damit die Einsatzbereitschaft des Bootes während der Fahrt und auch das Leben der ganzen Besatzung gefährdet. Unter diesen Umständen könne es nicht feststellen daß die Verhängung der Todesstrafe unmenschlich im Sinne des KRG. 10 gewesen sei.

Mit dieser Beurteilung wird das Schwurgericht dem Sachverhalt nicht gerecht. Der Senat muß allerdings davon ausgehen, daß nach den Feststellungen des Schwurgerichts die Äußerungen K.s gewisse Auswirkungen gehabt haben, die auf eine bedenkliche Lockerung der Disziplin hindeuteten. Durch das Verhalten K.s sei die Einsatzbereitschaft des Bootes und dadurch auch das Leben der ganzen Besatzung gefährdet gewesen. Rechtsirrig ist es aber, wenn der Vorderrichter K. die Schuld an dieser Auswirkung seiner Äußerungen beimißt, zumal die Beweisaufnahme es nahe legt, daß die Mannschaft zum Kommandanten gehalten hat, dagegen Offiziere seine Befehle nicht ausgeführt haben. K. mag unklug und unzweckmäßig gehandelt haben, wenn er während einer U-Bootfahrt von dem Recht der freien Meinungsäußerung Gebrauch machte. Es lag jedoch näher, seine Offiziere für die Störung der Ordnung verantwortlich zu machen, falls sie es wegen ihrer nationalsozialistischen Gesinnung an der notwendigen Unterordnung gegenüber ihrem Kommandanten fehlen ließen. Das kann jedoch dahingestellt bleiben. Wirkliche Schäden sind jedenfalls trotz der allgemeinen Gefährdung des Bootes und der Mannschaft, die das Verhalten K.s nach der Annahme des Schwurgerichts bedeutete, n i c h t eingetreten. Infolgedessen bleibt die Verhängung der Todesstrafe auch unter dem Blickwinkel, unter dem das Schwurgericht sie ansieht, unerträglich hart im Verhältnis zu dem, was K. getan hatte. Sie stellt deshalb eine tatbestandsmäßige Schädigung im Sinne des KRG. 10 dar.

Sie ist K. auch o b j e k t i v im Zusammenhang mit der nationalsozialistischen Gewalt- und Willkürherrschaft zugefügt worden. Das Schwurgericht prüft in dieser Hinsicht nur, ob der Angeklagte sich bei der Strafzumessung von p o l i t i s c h e n Erwägungen hat leiten lassen und verneint dies. Dieser Ausgangspunkt ist rechtsirrig; denn es kommt, wie eingangs ausgeführt, nicht notwendig auf den B e w e g g r u n d an, der den Angeklagten zu seinem Handeln bestimmte, sondern nur darauf, ob das in der Mitwirkung bei dem Urteilsspruch liegende Angriffsverhalten sich in das nationalsozialistische Willkürsystem einreihte. Daran lassen die Feststellungen des Schwurgerichts in o b j e k t i v e r Hinsicht keinen Zweifel.

Nach ihnen versuchte der Zeuge Dr. N., der als Heeresangehöriger zu wissenschaftlichen Zwecken an der zweiten Feindfahrt des K. teilnahm, in dem kriegsgerichtlichen Verfahren unter Umgehung der p o l i t i s c h e n Auseinandersetzungen das m i l i t ä r i s c h e Durcheinander auf dem U-Boot zu schildern. Der Angeklagte ging jedoch als Verhandlungsleiter nicht darauf ein, sondern fragte nur nach den politischen Äußerungen K.s. Das Schwurgericht hält es für selbstverständlich, daß der Angeklagte den Zeugen Dr. N. nicht über militärische Verhältnisse habe hören wollen, weil er als Stabsarzt und Heeresangehöriger in Marinesachen ein Laie gewesen sei. Diese Ansicht ist bedenklich. Die Frage, ob bei einer Einheit Disziplin herrscht oder nicht, ob Befehle ausgeführt werden oder unbeachtet bleiben, vermag jeder Laie mit durchschnittlicher Begabung zu beantworten. Umsomehr gilt dies von einem Stabsarzt des Heeres, auch für Marineverhältnisse. Denn die militärische Disziplin, die im wesentlichen im befehlsgemäßen Handeln besteht, war bei allen Gattungen der Wehrmacht die gleiche. Jedenfalls hätte der Angeklagte, wenn er Dr. N. nicht für sachverständig hielt, die ebenfalls von ihm vernommenen Fachoffiziere hiernach fragen können, wenn er dem Gewicht beilegen wollte. Daß die Offiziere von sich aus allen Anlaß hatten, hierüber zu schweigen, wie das Schwurgericht meint, mag zutreffen. Dennoch enthob dies den Angeklagten nicht seiner Pflicht, sich insoweit weitere Aufklärung zu verschaffen, wenn er dem Bedeutung beimaß. Daß der Angeklagte von der Erörterung der militärischen Seite der Sache bewußt absah, zwingt bereits zu der Annahme, daß der p o l i t i s c h e Gehalt der Kritik des K., also die Ablehnung des Nationalsozialismus, für das Kriegsgericht im Vordergrunde gestanden hat. Dem entsprechen die schriftlichen Urteilsgründe, in denen der Angeklagte zur Verneinung eines minderschweren Falles und damit zur Rechtfertigung der Todesstrafe hervorhob, daß bei K. infolge der Rückschläge des Jahres 1943 seine in der bündischen Jugend gepflegten liberalen Tendenzen wieder zum Durchbruch gekommen seien und daß seine Äußerungen „selbst vor der Person des Führers nicht haltgemacht" und „zum Teil hochverräterischen Charakter getragen hätten". Den Ausschlag für die Verhängung der Todesstrafe kann hiernach also nur der Zusammenhang mit dem Willkürsystem gegeben haben. (Wird näher ausgeführt).

Z u m F a l l G. : Das Schwurgericht geht davon aus, daß G. trotz geringer persönlicher Schuld nur aus A b s c h r e c k u n g s gründen zum Tode verurteilt worden sei, erblickt hierin eine ungerechtfertigte Entpersönlichung und Entwürdigung des Opfers und bezeichnet deshalb das Urteil als unmenschlich hart. Damit meint der Vorderrichter das richtige, wie der Zusammenhang der Urteilsgründe ergibt. Nur die Formulierung ist mißverständlich. Die tatbestandsmäßige Schädigung des Opfers braucht noch nicht unmenschlich zu sein; denn Art. II 1 c KRG. 10 spricht nur von unmenschlichen H a n d l u n g e n , nicht von einer solchen Auswirkung auf das Opfer, mag beides auch meist zusammentreffen. Die Unmenschlichkeit, die die genannte Vorschrift treffen will, wird nicht allein durch die Schwere der Folgen eines bestimmten Verhaltens begründet, sondern vor allem dadurch, daß dieses in einem dem Täter bewußten Zusammenhang mit der nationalsozialistischen Terrorherrschaft steht. Eine tatbestandsmäßige Schädigung liegt schon dann vor, wenn die verhängte Strafe unter Berücksichtigung aller Strafzwecke unerträglich hoch und in einem Rechtsstaate unter gleichen Umständen als Regelfall undenkbar ist.

Daß diese Voraussetzungen in dem vorliegenden Falle gegeben sind, unterliegt schon nach den bisherigen Feststellungen keinem Zweifel, was das Schwurgericht richtig erkannt hat. G., der seit 1942 zu einem höheren Marinestab in Paris gehörte, beschaffte sich im Jahre 1943 gegen Zahlung von 1000 RM durch einen befreundeten Belgier W., der für den SD. arbeitete und sich als Rexist sowie als Vertreter einer flämisch-nationalsozialistischen Zeitung ausgab, von einer französischen Dienststelle in Vichy zwei Identitätskarten für sich und seine in Paris bei der DAF. beschäftigte Ehefrau. Die vom Schwurgericht dem Urteil des Kriegsgerichts entnommene Einlassung G.s ging dahin, daß er daran gedacht habe, die Karten entweder zur Flucht aus einer etwaigen Gefangenschaft oder zur Wiedervereinigung mit seiner Familie zu benutzen, wenn keine Möglichkeit zum kämpferischen Einsatz mehr bestehen sollte; er habe in der Masse untergehen wollen, falls durch einen kommunistischen Aufstand in Frankreich die deutsche Sache verloren sein würde. Ob das Kriegsgericht diese Einlassung geglaubt hat, läßt der Angeklagte in den von ihm verfaßten Urteilsgründen nicht erkennen. Jedenfalls hat es nicht die Feststellung getroffen, daß G. sich die Karten zur Vorbereitung einer Fahnenflucht besorgt habe.

Wegen dieser Beschaffung der Identitätskarten ist G. am 28. März 1944 unter dem Vorsitz des Angeklagten in Anwendung des § 5 Abs. 1 KSSVO. zum Tode verurteilt worden. Die Wehrkraftzersetzung begründete der Angeklagte wie folgt: „G. mußte . . . damit rechnen und hat auch damit gerechnet, daß W. nicht schweigen, sondern seinen Bekannten und Gesinnungsgenossen von den Identitätskarten Mitteilung machen werde. Es sei ferner zu besorgen gewesen, daß auf diesem Umwege

Druck: W. Girardet, Wuppertal

Kolibri 360 GmbH
Ferdinand-Jühlke-Straße 7
99095 Erfurt, Deutschland
produktsicherheit@kolibri360.de